AF410390

Vicens y Hualde, Ignacio
     Dicho y hecho. - 1a ed. - Buenos Aires : Nobuko, 2012.
     160 p. : il. ; 21x15 cm. - (Textos de arquitectura y diseño)

     ISBN 978-987-584-369-1

     1. Entrevista. 2. Arquitectura. I. Título.
     CDD 720

Textos de Arquitectura y Diseño

Director de la Colección:
Marcelo Camerlo, Arquitecto

Diseño de tapa
Vanesa Farias

Diseño y armado digital
Miguel Novillo

Hecho el depósito que marca la ley 11.723

I.S.B.N. 978-987-584-369-1

Mayo de 2012

Ignacio Vicens y Hualde
Dicho y hecho

ÍNDICE

PRÓLOGO

Palabras al aire

Es un honor para mí hacer una introducción a esta colección de escritos de
Ignacio Vicens y Hualde.

El autor es uno de los más prestigiosos arquitectos y catedráticos de la Escuela
de Arquitectura de Madrid, y una de las personas más cultas que he conocido en
mi vida. Poseedor de una vasta y profunda cultura la difunde por doquier con una
naturalidad sorprendente. A él he acudido siempre que he tenido alguna duda en
cualquier tema. Lo sabe todo de todo. Y más, si cabe, de Arquitectura.

Y además, tiene la capacidad de dar salida a toda esta sabiduría, con la mayor
naturalidad del mundo. Siempre se le entiende a la perfección. Sus escritos, cla-
rísimos, son además amenos y se leen con gusto. Busca y consigue el instruir
deleitando, perseguido por los clásicos. Eso lo saben sus alumnos que acuden
siempre a él en busca de consejo.

Cuando en un escrito de esta colección hace un provocativo "Elogio de la
crisis", lo hace con tal gracia que acabamos convencidos de que somos unos pri-
vilegiados por estar viviendo este tiempo. Que lo somos. Tan positivo es.

Sus citas van del Keats de la preciosa "Oda a una urna griega" sobre la Verdad y
la Belleza, hasta las palabras de una pintada en la Facultad de Medicina *La
sabiduría me persigue, pero yo soy más rápido"*. Y estas citas, cultas y abundan-
tes, no son las del que no tiene palabra propia sino muy al contrario, las del que
hace suyas las palabras más hermosas que los creadores generan. Son las
palabras certeras del que sabe que la palabra es el gran arma del ser humano.

El que, además, su arquitectura sea de primerísimo orden no es más que la
lógica consecuencia de su radical coherencia. Coherencia entre su pensamiento
y su discurso, y sus obras y su vida. La que deberíamos exigir a cualquier
creador y que pocos poseen.

He tenido la suerte de compartir con él largos años de tarea docente y siempre
quise ser alumno suyo.

Estoy convencido de que sus palabras claras alcanzarán los cuatro puntos cardi-
nales, ahora en manos de Cervantes y luego en las de Shakespeare. Palabras
que, lanzadas al aire, alimentarán la cabeza y el corazón de los hombres.

Alberto Campo Baeza
Dr. Arquitecto
Catedrático de Proyectos de la ETSAM

ENTREVISTA A
IGNACIO VICENS Y HUALDE
por PABLO BELTRÁN BERNAL

24 de octubre de 2006. Calle Barquillo 29, Madrid.

Ignacio Vicens es un hombre torrencial y a la vez profundo. Ejerce con apasionada dedicación, y de forma muy destacada, su profesión de arquitecto. Sin perder la tradición, se sitúa decididamente en la vanguardia. Como los artistas del renacimiento también se dedica a la enseñanza, y aún le queda energía para volcarse en el mundo del espíritu y de la cultura. Sus armas para iluminar el pensamiento son la lógica y la coherencia, pero no desdeña ni la intuición ni el sentido del humor. Es una persona cálida, con una extensa cultura almacenada en su interior, lava ardiente que, como un volcán, sale en erupción controlada y con un orden muy personal. Tiene una rica personalidad y está abierto al mundo que le rodea, especialmente a las personas. Con este hombre afectuoso, natural, dúctil y peleón, hemos conversado largo y tendido sobre la arquitectura y sobre otras cuestiones que nos han salido al paso.

Tu formación inicial es de letras: empezaste a estudiar Derecho.

Considero un privilegio, una gran ventaja, esos años pasados en la Facultad de Derecho, unos años que además coincidieron con momentos de gran inquietud intelectual. Estábamos muy abiertos a la discusión de todo tipo de tendencias. Esto me permitió dedicar tiempo a algo que en la Escuela de Arquitectura no hubiera podido hacer. Y me parece una de las mejores inversiones, porque los años de formación son sencillamente definitivos; se adquieren hábitos que luego durarán toda la vida.

¿Crees que en las escuelas de arquitectura falta una vinculación derivada o tangente al mundo de las letras?

La arquitectura es una disciplina. Pero prefiero no entrar en la polémica de la adscripción exacta de la enseñanza de la arquitectura: si debería ser una Facultad o una Escuela Técnica. Esto es algo que tiene un interés relativo.
De todas formas, me preocupa profundamente el programa docente. El *curriculum* en la Escuela es extraordinariamente exigente, pero enfocado casi exclusivamente a una formación técnica. Al ser tan riguroso impide que el estudiante desarrolle un programa complementario que le ayude en su formación humanística. Hoy en día en el bachillerato no se da esa preparación humanística, con lo cual los alumnos llegan a la Universidad con una carencia fundamental. Y eso es grave, porque estamos trabajando con estudiantes a los que les faltan apoyos firmes. Salen con una magnífica formación técnica, sin duda mejor que la nuestra. Pero les falta una base imprescindible para su vida intelectual. Y la

exigencia del programa de la Escuela les impide dedicar el tiempo necesario para remediar esa carencia.

El hábito de lectura, por ejemplo, que es normal en muchos de mi generación, ha desaparecido literalmente en las Escuelas de Arquitectura. Los estudiantes ni leen ni saben leer. A lo mejor, como mucho, hojean revistas. Y esto es algo dramático. Todos los años hago una especie de encuesta el primer día de clase. No es un examen: los alumnos pueden hablar entre ellos y no tienen que firmar. Se trata, esencialmente, de saber a qué me enfrento. Pero el objetivo real es que ellos sean conscientes de sus carencias. Bien: a preguntas como *"cita tres críticos de arquitectura importantes del siglo veinte"* la respuesta habitual es cero. Nada. Ni uno. Hoy en la Escuela de Arquitectura –y estoy hablando de alumnos de cuarto– hablas de Tafuri y nadie le conoce, porque no se lee. Sencillamente, no se lee.

La dedicación que requiere la escuela de arquitectura impide una formación comple-mentaria con lecturas y otras referencias culturales: filosofía, arte, música...

Claro, en esa prueba evidentemente no me limito a temas estrictamente arqui-tectónicos. Luego, si quieres, te doy las preguntas de la encuesta. Son tres grupos; el primero es muy disciplinar, del tipo *"nombra diez arquitectos españoles que no sean profesores de la escuela"*, o *"cita diez revistas de arquitectura"*. Cosas así. En el segundo grupo las preguntas son más específicas: *"quién proyectó el Novocomun"*, *"quién es el arquitecto de la casa Ugalde en Caldetas"*, *"definición de arquitectura y casa por Le Corbusier"*. Y el último grupo de preguntas es de formación cultural: *"a qué se dedican Stockhausen o Louise Bourgeois"*, *"di el nombre de cinco premios Nobel de literatura"*, *"cita una obra de Kafka, una de Eliot y una de Joyce"*, *"cuáles son los últimos libros que has leído"*. No te exagero si te digo que los resultados son deprimentes. Pero son datos. Es la realidad sobre la que hay que trabajar.

¿Cómo está el nivel cultural general de los universitarios en este momento?

Es un lugar común hablar de las carencias culturales de los alumnos, pero no por ser un tópico deja de ser un dato preocupante. Su formación humanística es casi nula. Pero mucho peor es que carecen de las herramientas intelectuales básicas para enfrentarse con su propia vida. En mis clases de los miércoles, que son puramente teóricas, intentamos comprender la cultura contemporánea. Lógicamente, en clase comenzamos analizando el mundo clásico.

¿Qué significa lo clásico, en qué se opone y cómo lo complementa el mundo de la modernidad? ¿Por qué surge la crítica posmoderna? Ahora estamos analizan-do la deconstrucción. Por supuesto, no es que no hayan leído a Derrida, es que

Biblioteca, despacho de Ignacio Vicens.

nadie ha oído hablar de él. Y ¿cómo explicas el pensamiento débil si ni siquiera
saben qué son categorías fuertes? Comprenderás que es preciso comenzar
explicando conceptos elementales: realismo, idealismo, razón, sentimiento,
verdad, bondad, belleza, persona,... Nada puede darse por supuesto. Intentamos
enlazar historia y pensamiento. Pero no es fácil hacerlo asequible, cuando citar a
Kant es como aludir a Indívil y Mandonio.

¿Con qué referencias culturales debe contar el arquitecto?

Creo que cualquier universitario, como su nombre indica, debe ser una persona
de intereses universales. Un universitario no puede ser sólo un técnico. Ni un
profesional del máximo nivel. En absoluto. Es una concepción fundamentalmente
diferente. ¿Cuál es el objeto de nuestro interés? El conocimiento en general.
Además está nuestra labor profesional, que exige una preparación específica.
Y eso presupone una formación disciplinar, qué duda cabe. Pero en cuanto universitario, debo tener los mismos intereses generales que el químico o el
filósofo. No me puede caracterizar algo tan específico como la disciplina. A mis
estudiantes les propongo como lema la conocida cita de Terencio: *"Soy hombre;
nada de lo humano me es ajeno"*, cambiando solo "hombre" por "universitario".

*Tu formación da un giro en tercero de Derecho al ayudar a un amigo estudiante de
arquitectura.*

En efecto, me pidió que le ayudara una noche porque tenía una entrega de
proyectos y allí descubrí la belleza de la carrera. Sin duda lo primero que me
enganchó fue el ambiente de vida nocturna, distendido, divertido, apasionante.
Piensa que en ese momento yo debería estar estudiando Derecho
Administrativo, que es una de los planes más aburridos que se le pueden
proponer a alguien, dicho sea entre nosotros. Me encontré, de repente, en un
mundo creativo y diferente, un punto demencial pero fascinante. Aún así, lo que
me pareció increíble fue ver la posibilidad de que alguien, a partir de un papel en
blanco, fuera capaz de imaginar y de crear. La creatividad... Que alguien sea
capaz de imaginar alguna cosa y poder dibujarla y construírla, eso es lo que me
asombró. Fue una atracción determinante. A la mañana siguiente había tomado
la decisión de cambiar de carrera. Era insensato.
Puro voluntarismo, un *"quiero hacer esto y lo voy a hacer"*. En mi vida había
dibujado nada, no sabía nada de cálculo, ni de álgebra, ni de física.... Yo hice
aquél bachillerato antiguo en el que, si elegías letras en cuarto, dejabas las
matemáticas. Lo máximo a lo que había llegado es a sumar quebrados, y lo había
olvidado. Nos dedicábamos al latín, al griego, a la literatura y a todo eso.
Cuando le comenté a mi padre mi decisión, pensó que había enloquecido. Me

pidió que lo meditara bien y me organizó una entrevista con Miguel de Oriol. Supongo que esperando que me desanimara. Pero de la entrevista, que no he olvidado, salí más entusiasmado todavía. Siempre le agradeceré a Oriol el tiempo que me dedicó. Y dejé Derecho. Quemé las naves. Tuve que aprender por mi cuenta, acudiendo a academias y estudiando como un poseso.

Debió ser muy difícil el cambio.

Recuerdo con angustia el álgebra, el cálculo y la física. No podía comprender el concepto de límite, por lo que decidí aprenderlo de memoria, como había hecho con el Código Civil y el Penal. En lugar de *"Son circunstancias atenuantes o agravantes según los casos..."* ahora era *"Se dice que f(x) tiende a un límite finito c si dado un épsilon mayor que cero existe un delta mayor que cero tal que..."* Te advierto que no resultaba más tedioso que el Administrativo. Era el peaje que tenía que pagar para proyectar. Hoy lo recuerdo todavía, lo que demuestra que la memoria es una potencia positiva. No entiendo su mala prensa.

Entonces era muy importante el dibujo. El ordenador ha relegado el dibujo a mano.

El dibujo era muy importante pero, curiosamente, no tuve que ir a ninguna academia para aprender. Nunca había dibujado, pero debía tener cierta facilidad porque la primera asignatura que aprobé en la Escuela fue dibujo; además, los dos dibujos. Y esto me animó bastante porque las asignaturas teóricas me costaron no poco. El ordenador, evidentemente ha cambiado muchas cosas. Todo lo que sea una pérdida me parece negativo. Pero considero mucho más negativa la pérdida del sentido de la lectura; infinitamente más, porque para ser arquitecto no se necesita dibujar excelentemente pero sí ser culto. El sentido del dibujo consistía en tener la mano educada, para ser capaz de expresar unas ideas con suficiente habilidad. Hoy a nadie se le ocurre utilizar la aguada o el carboncillo; todo eso eran técnicas para mejorar la expresividad. Pero si puedes expresar lo mismo mediante *renders*, espléndido. En cambio, sin cultura no hay nada que expresar.

Superados los problemas del cambio de Derecho a Arquitectura, ¿cómo fueron los años en la Escuela?

Los recuerdo como extraordinariamente felices y divertidos. Reconozco que también los de la Facultad de Derecho lo fueron, pero de una manera diferente. Lo que compartía en ambos casos era el hacer la carrera en sociedad, en grupo, con amigos. En Derecho éramos cuatro; queríamos ser diplomáticos y empezamos a preparar las oposiciones a la Escuela Diplomática desde primero.

La idea de finalidad es importante. El Derecho era para nosotros un medio para ser diplomáticos. Si había que saltarse clases para dedicarlo a los idiomas, conferencias, etc. lo hacíamos sin problemas. En Arquitectura también desde primero formamos un grupo, esta vez de seis, que duró hasta que terminamos. Fue una experiencia extraordinariamente enriquecedora que nos permitió realizar la carrera sin excesivas tensiones, haciendo deporte, divirtiéndonos...
Hoy creo que, yo solo, hubiera sido incapaz de pasar de primero. Animo a la gente a que haga lo mismo. A uno le tocaba hacer las prácticas de urbanismo de los demás, a otro los proyectos, y así... Si un día aparecía nevado en la sierra, nos largábamos a esquiar sin problemas. Sé que no está bien, para un profesor de Proyectos, confesar que nos fumamos muchas clases de proyectos para ir a esquiar, pero es la verdad. No corríamos. Para qué vamos a mentir, lo tomamos con tranquilidad y todos salimos indemnes del intento.

¿Qué profesores recuerdas?

Evidentemente los primeros que vienen a la cabeza son los profesores de proyectos. El primero fue Fernández Alba. Me ayudó profundamente. Fue el que nos enfrentó con el proyecto. Estábamos en Elementos y el primer tema que nos puso –comprenderás que es inolvidable– fue ¡la ampliación del Museo del Prado! Lo he pensado muchas veces, porque me vino muy bien enfrentarme desde el principio con metas ambiciosas. Y entonces yo no sabía ni cómo se utilizaba el escalímetro. Y cuando digo que no sabía utilizar el escalímetro, lo digo literalmente: un día en clase –entonces trabajábamos en la Escuela– un profesor que se llamaba Julio Vidaurre, al ver que estaba dibujando líneas deslizando el lápiz por el escalímetro, me apartó la mano y me dijo: "¿No sabes que el escalímetro es un instrumento de precisión, no una regla? No se puede utilizar un instrumento de precisión como si fuese una regla porque te cargas el instrumento de precisión". No sabíamos nada, ni dibujar, en definitiva. Agradezco profundamente esas pequeñas enseñanzas que te van haciendo sensato. De Julio Vidaurre es lo único que recuerdo, pero es bastante y se lo agradezco de verdad. De Fernández Alba recuerdo especialmente ese ambicioso reto a alumnos que no saben nada, que se enfrentan con su primer proyecto y se les propone la ampliación del Museo del Prado. Curiosamente ese proyecto –que conservo– en lugar de apabullarme me dio seguridad en mí mismo. Evidentemente, yo no sabía nada de nada de nada. Pero fue el descubrimiento de cómo se puede comenzar a proyectar. Lo primero que hice fue estudiar el edificio del Museo del Prado y sus transformaciones. Y descubrí que hasta hace relativamente poco la puerta de Goya estaba tapada y se entraba directamente a nivel de la calle Felipe IV. Luego se excavó todo y se hizo esa escalinata. Entonces llegué a la conclusión de que yo no podía atreverme a añadir demasiado a este edificio pero sí, de alguna manera, recuperar la topografía original; podría hacer la ampliación donde está ahora la escalera y recuperar la antigua cota de acceso. Mi edificio sería subterráneo. Un prisma bajo de vidrio con una rampa de acceso constituiría el pabellón de entrada. Y unas escalinatas muy "Fernández Alba", aunque en realidad inspiradas en un jardín de Scarpa que guardaba en la memoria, recuperaba la topografía original. Ése fue mi primer proyecto. Me llevé un sobresaliente pero sobre todo me dio seguridad en la forma de encarar un proyecto.

¿Quiénes fueron los que te dejaron más huella?

Evidentemente, los dos profesores que más me han influido, sin duda, han sido Javier Carvajal y Francisco Javier Sáenz de Oíza. Considero un privilegio excepcional haber sido alumno de los dos. Es algo inolvidable que les agradezco de corazón. Soy consciente de haber estado en la Escuela en unos años especialmente afortunados. He tenido maestros. Y he admirado de ellos, por encima de cualquier otra cosa, su capacidad de generar entusiasmo. Todo lo que diga de Javier Carvajal es poco porque realmente me enseñó a proyectar de verdad, más que Francisco Javier Sáenz de Oíza. Aunque Oíza nos fascinaba: Íbamos a sus clases a disfrutar con su torrencial entusiasmo. Entonces no se podía elegir profesor, cada curso tenía el suyo. Tuve primero a Carvajal y luego a Oíza. Las correcciones de Javier Carvajal eran soberbias, pero lo que más me asombraba era su profunda cultura. Si Oíza todo lo llevaba a la arquitectura, Carvajal toda la arquitectura la llevaba a la cultura. Es curiosa la diferencia de enfoque. Las correcciones de proyectos de Carvajal eran una excusa para hablar de todo tipo de cosas, nos fascinaba citándonos en latín a Virgilio, hablando de literatura, de música, de la filosofía occidental, de La Alhambra, polemizando sobre el descubrimiento de América.... Es imposible olvidar su actitud. Después de las correcciones públicas de los ejercicios, criticados con su característica vehemencia, corríamos al tablero. Nos enseñaba a proyectar.
Recuerdo: *"Se nos ha dicho que proyectemos hacia el sur, que abramos la casa a la higiene, la luz, el soleamiento. Bien. Un día, florece un cerezo al norte. Alguien abre una ventana para contemplarlo...empieza la proyectación".* Era maravilloso asistir a clases de auténticos maestros que ensanchan la mente. Despierta el apetito por el conocimiento, un hambre infinita de conocer más y más. Oíza era una pasión turbulenta: al salir de clase no sabíamos muy bien de qué nos había hablado, pero teníamos claro que ya nunca podríamos dejar de ser arquitectos. Nos hablaba de María Felisa, su mujer, y de su coche, un Aston Martin, y de sus hijos, y todo desembocaba en arquitectura. Y luego está Alberto Campo Baeza. En realidad, nunca fui alumno suyo. El terminaba la carrera cuando yo la comenzaba, pero éramos amigos y me corregía los proyectos. Siempre he admirado su seguridad. Mientras nosotros dudábamos, trabajábamos en medio

de incertidumbres y tanteos, él proyectaba con una decisión sin fisuras. Su ayuda fue fundamental. Definitiva. Nunca se la agradeceré bastante.

Y ahora, ¿cómo está la escuela?

Es curioso, porque soy de natural optimista y desde luego para nada de los que piensan que cualquier tiempo pasado fue mejor. En absoluto. Pero repasando la lista de formidables catedráticos, de grandes maestros que pude tratar, pienso en los que ahora ocupamos su lugar y veo cuanto ha perdido la Escuela. Si exceptuamos a Alberto Campo Baeza, que ha heredado aquélla capacidad de entusiasmar a los alumnos, aquél talante que sabía despertar una actitud ilusionada antes las dificultades de la creación, pocos maestros quedan. Y que no me vengan con eso de que "no son maestros lo que necesitamos ahora". A mí me vinieron muy bien y quisiera lo mismo para mis alumnos.

Entonces estudiabais a Mies, Le Corbusier, Alvar Aalto, ¿Con qué te quedas de cada uno?

Siempre me ha interesado la historia de la arquitectura, pero toda; nunca distinguí entre modernidad y clasicismo. Nunca. Esa es la pura realidad. Cuando estaba empezando la carrera leía todo. Recuerdo el descubrimiento de Boullée y de Ledoux. Tengo en la biblioteca dos Kaufmann, "Da Ledoux a Le Corbusier" y "Tre architetti rivoluzionari" que me compré en primero de arquitectura, en la librería Dédalo de Roma, en viale Gioacchino Rossini, me acuerdo perfectamente... Y recuerdo también la fascinación por Bernini, que me llevó a viajar a Italia y conocer toda su obra. A la gente le gusta mucho establecer dualidades, dividir el mundo en berninianos y borrominianos, racionalistas o patéticos, idealistas o realistas, y así. Yo cuando tengo que elegir elijo siempre las dos cosas. Pero reconozco que, en el fondo, soy berniniano. Bernini ha sido para mí un punto de referencia, pero también Ledoux y Boullé y Palladio. Y esto me lleva a darme cuenta de que he estado alejado siempre de los organicistas. El mundo clásico me llevó naturalmente a la obra de Mies van der Rohe. Pero Alvar Aalto me dejaba mucho más frío. Aunque de verdad, la auténtica fascinación la tenía por ese gran maestro del siglo veinte que ha sido Le Corbusier.

¿Qué espacios arquitectónicos te han conmovido al recorrerlos?

No exagero si te digo que he estado más de cuarenta veces en Roma. Roma la conozco muy bien. Eso es una gran suerte. Ya te he dicho que no soy borrominiano, pero debo reconocer que la primera vez que entré en Sant'Ivo alla Sapienza

Ampliación Museo del Prado.
2º ETSAM. 1972

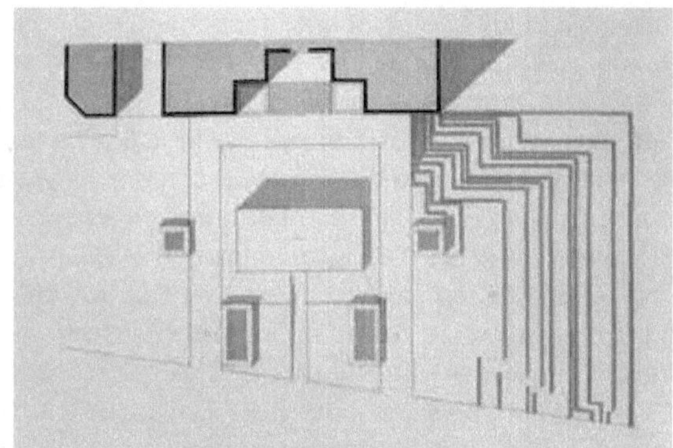

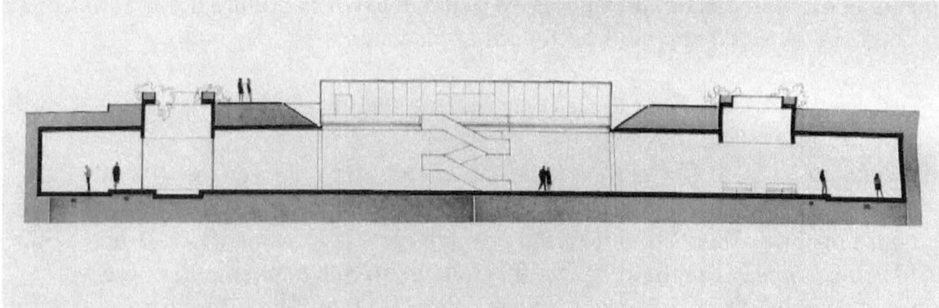

Alzado Ampliación
Museo del Prado.

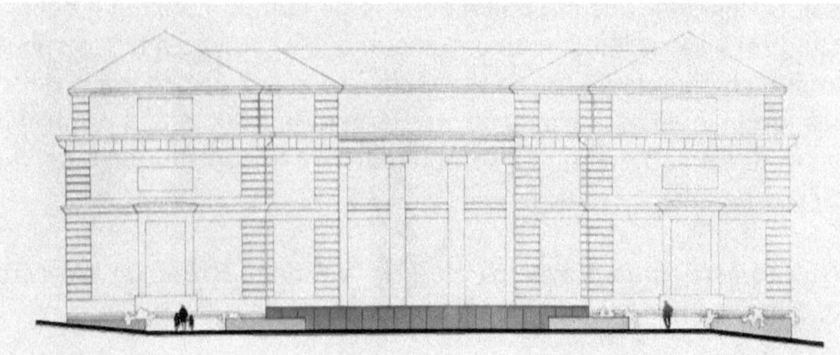

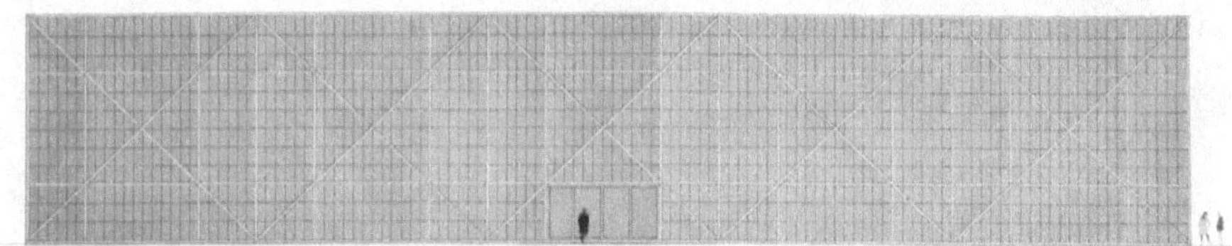

Alzado Iglesia Parroquial
en Tres Cantos.

me quedé muy impresionado, absolutamente impresionado. Es la experiencia de la arquitectura. Ésa es una de las cosas que no se olvidan.

Por cierto, recuerdo ahora la primera experiencia arquitectónica que tuve, cuando era muy pequeño. Posiblemente tendría 6 ó 7 años. Creo que era el día de Reyes. Estaba hojeando una enciclopedia con mis hermanos, cuando apareció la palabra rococó. *"Mira qué palabra, rococó, qué divertido".*

Fuimos a mi padre: *"Papá, mira, rococó, ¿Qué es rococó?"* Y nuestro padre nos bajó a la calle, cruzamos la plaza del Cordón, entramos en la Basílica de San Miguel, y nos dijo: *"Mirad, rococó es esto: ¿veis estos arcos que se cruzan en el techo? Habitualmente son paralelos, pero el rococó los cruza y tal... ¿Veis los mármoles de colores...?"* Evidentemente, no recuerdo sus palabras exactas. Esta explicación la estoy racionalizando ahora, pero no se me olvidará jamás la experiencia, de la mano de mi padre, de vivir la arquitectura, de ver que rococó era un ambiente, algo hecho por el hombre y algo muy bello.

¿Cuál fue tú Proyecto Final de Carrera?

El Proyecto Final de Carrera me lo dirigió Gabriel Ruiz Cabrero, al que admiro y agradezco la paciencia que tuvo, y que en aquella época era profesor de la cátedra de Oíza. Me costó encontrar el argumento, la idea madre de la que habla Alberto Campo Baeza, pero desde el momento en que lo encontré, el proyecto salió disparado. Era un Centro Cultural en la Plaza de Santa Bárbara. En ese solar triangular que ocupa un edificio de ladrillo había que hacer un Centro Cultural y recuerdo el momento en el que el proyecto cuajó: me di cuenta que era imprescindible la unión de ese elemento triangular, rodeado de tres calles, con los jardines de la plaza de Santa Bárbara. Introduje una pasarela elevada que iba a ser el eje sobre el que pivotaba todo. Me lo corrigió también, muchas veces, Sáenz de Oíza.

Colaboraste en un proyecto con Alberto Campo Baeza, un proyecto en el que las ordenanzas exigían cubierta inclinada.

En realidad Alberto, con la generosidad que le caracteriza, me dejó hacer en su estudio el Proyecto Fin de Carrera, porque en la buhardilla no cabíamos. Y durante ese tiempo hicimos ese pequeño proyecto de viviendas en La Granja. Pero tampoco hubo más obras.

¿Cómo inicias la andadura profesional?

Creo que te he comentado que éramos un grupo de amigos que habíamos hecho toda la carrera juntos. Hacíamos los proyectos y estudiábamos en una buhardilla,

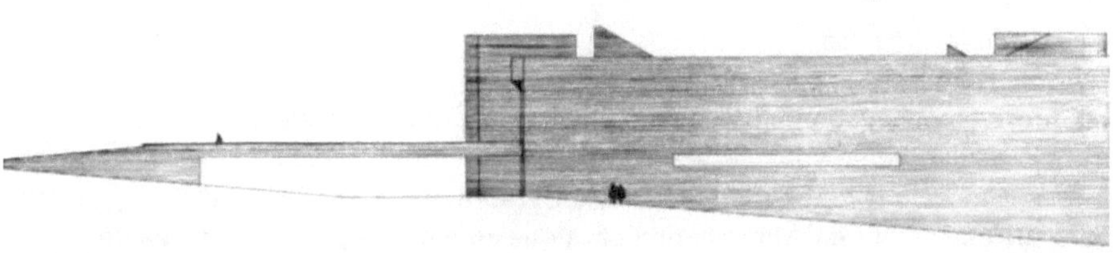

Proyecto Fin de Carrera de Ignacio
Vicens. 1976

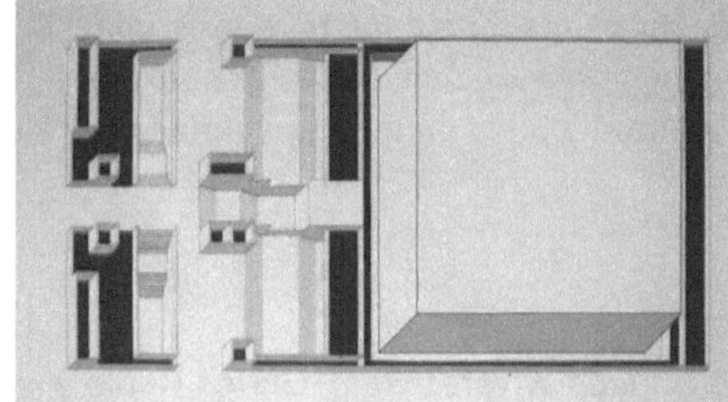

Iglesia en Tres Cantos. 3° ETSAM. 1973
Centro Cultural en Tres Cantos. 3° ETSAM. 1973

y luego yo dedicaba 3 horas al día a trabajar en Vallehermoso, una empresa de la
cual mi padre era presidente. Creo que él tenía la secreta esperanza que de
alguna manera me quedara en Vallehermoso, pero siempre nos dejó en completa
libertad y yo quería funcionar por mi cuenta. Cuando terminé la carrera se me
planteó el dilema de regularizar mi situación como arquitecto en Vallehermoso o
ejercer como profesional liberal. Lo tuve claro.
Esto para mi padre fue duro, supongo, y me dijo: *"No vas a tener obras"*. *"No, no
las tendré, qué le vamos a hacer, pero vamos a luchar. Al menos lo intentaremos"*. Y
entre los cinco amigos abrimos un estudio sin más objetivo que compartir gastos
y trabajar en algunas cosas si salían. Nos instalamos aquí, en Barquillo 29, un
piso que me habían regalado mis padres. Yo creo que es importante hacer
planes, qué duda cabe, pero sólo los estrictamente necesarios, porque luego la
vida lleva a cada uno a encontrar su sitio. Para mí fue determinante, extraordinariamente decisivo, que Javier Carvajal me llamara para empezar a dar clases
ese mismo año. Es algo que nunca podré agradecer suficientemente, porque me
permitía seguir en la Escuela. Y no solo eso: Javier Carvajal, desde el principio
me dejó claro que solo se enseña lo que se sabe, con lo cual tendría que seguir
constantemente estudiando. Si quería dar clases debería pagar el peaje de hacer

una carrera académica. Me dijo que tenía que hacer los cursos de doctorado y
una tesis.

Una dificultad añadida.

Entonces empecé a combinar, desde el principio, el trabajo en la Escuela con el
trabajo en el estudio y los cursos de doctorado. Éstos los hice junto con Alberto
Campo Baeza, que estaba también en la Cátedra de Javier Carvajal. Y mi primera
obra fue esa casita de Almería, una obra que comencé a proyectar antes de
terminar la carrera y que, evidentemente, era para un pariente. Siempre es la
familia la que te ayuda al principio. Una tía, hermana de mi madre, quería una
casa de vacaciones y confío en mí. Es una casa introvertida, sin ventanas, muy
plástica. Mi tía fue valiente. Me dio libertad total y puso en mí una confianza
ilimitada. Ésa fue mi primera obra.

¿Cómo fueron los primeros proyectos?

En ese momento estábamos en el estudio Enrique Álvarez-Sala, Carlos Rubio y
yo. Algunos del primer grupo de amigos habían empezado a trabajar por su
cuenta y sólo quedábamos en el estudio los tres, que fuimos el núcleo más
estable. Fueron unos años con la ilusión de los comienzos, muy hermosos y
exigentes. Aparecieron algunas cosas como el Centro Parroquial de El Ejido, en
Almería: un proyecto muy interesante, creo yo. Luego la primera vivienda en
Ibiza. Proyectos en esa línea blanca, que yo continué cuando nos separamos
como estudio. Enrique y Carlos también se fueron y yo me quedé aquí, porque
quería dedicarme más a la Universidad y no podía dedicar al trabajo el mismo
tiempo que ellos. Demasiada paciencia tuvieron. Era un momento en el que me
faltaba tiempo para todo. Estaba haciendo la tesis doctoral, tenía las clases, el
trabajo en el estudio. Algo insensato. Pero seguí adelante. Continué con la arquitectura blanca, cada vez más abstracta, cada vez más objetual, que culmina, de
alguna manera, en las viviendas de Javea y de Miami.

*La entrada de José Antonio Ramos en el estudio produce un cambio en la línea
arquitectónica.*

Sin duda. No sé si se puede hablar de un momento de crisis. Desde luego sí en
el sentido positivo de la palabra, de cambio, que viene determinado por la
evolución. Ya he concluido los cursos de doctorado y tengo que dedicar
muchísimo tiempo a la tesis doctoral, a las actividades culturales de la Escuela y
a las clases. Además, cada vez hay más obras en el estudio. Y, por otro lado,
también hay una cierta insatisfacción ante un determinado tipo de arquitectura

Vivienda en Almería.

que salía de manera espontánea, demasiado fácilmente. Esa línea de arquitectura
blanca muy abstracta, muy separada del entorno, muy desconectada de los materiales, llega un momento que empieza a parecerme amanerada.
Es el momento de la reflexión profunda.

Recuerda que por esos años estaban en pleno auge Richard Meier y los Five
Architects de Nueva York, con el primer Eisenman, pero al tiempo muchas de las
cosas que habíamos dado por supuesto se tambaleaban. Era una crisis general,
el revisionismo de la modernidad. El momento de Aldo Rossi y la Tendenza. Eran
los años de la Triennale de Milán, los de la Biennale de Portoghesi en Venecia,

con la Strada Novísima que nos sacudió a todos. Son unos momentos agitados que lógicamente llevan a una crisis propia. En esa época yo me estaba planteando muchas cosas. Javier Carvajal ya nos hablaba de una arquitectura enraizada, mucho antes de que Kenneth Frampton teorizara sobre el regionalismo crítico. Una arquitectura sensible al lugar, no sólo entendido como geografía, sino como cultura... Y comprenderás que enfrentar todo ese pensamiento con mi arquitectura blanca, objetual, desconectada del lugar, me producía una clara insatisfacción. Entonces estaba sólo en el estudio. Necesitaba a alguien y acudí a un alumno excepcional: José Antonio Ramos. Él entra en el estudio en este momento delicado, de crisis, si quieres. Y aunque, como es lógico, la transición es gradual, poco a poco la etapa "blanca" queda clausurada. Por eso se puede decir que "Vicens-Ramos" es una realidad. Empezamos con una arquitectura mucho más ligada al terreno, al entorno. Y otra de las cosas que cambia es la reflexión sobre los materiales. Hay que decir que esta situación de crisis venía "agravada" por la aparición de otro factor, en este caso el cliente. En medio de todo, aparece un psiquiatra y nos encarga una casa de fines de semana en Talavera de la Reina. Era lo que faltaba. Se trata de un personaje admirable, un amigo, el doctor Juan Antonio Vallejo-Nágera. El lugar era espléndido, una dehesa con encinas centenarias. Los primeros croquis, que recuerdo perfectamente, eran con cubierta plana y Juan Antonio me decía:

> –*"Nacho, yo quiero una casa con cubierta inclinada".*
> Yo le contestaba:
> –*"No te voy a hacer nada con cubierta inclinada".*
> –*"¿Por qué?".*
> –*"Porque no".*
> –*"Eso no es una razón, si no lo haces es porque no sabes".*
> –*"Sé perfectamente, pero no quiero"*
> –*"No sabes. Nunca lo has hecho y es una limitación por tu parte"*

Era un gran psiquiatra y sabía manejarnos. Había casi un problema de pique, de reto, que hizo que nos replanteáramos todo. Y finalmente ganó: es nuestra única obra con cubierta inclinada. Efectivamente, la conjunción de todos esos factores hace que aparezca un nuevo tipo de arquitectura mucho más abierta a experimentar con los materiales. En esa obra por primera vez utilizamos el ladrillo, el cobre, la madera. Siempre con la voluntad de integración en el entorno. Esta vivienda fue muy importante en nuestra trayectoria, porque fue la primera Vicens-Ramos. En realidad, habíamos hecho juntos las casas de Javea y de Miami, pero todavía eran una prolongación de la etapa anterior. La de Talavera fue la primera en la que realmente nos lanzamos al río, a investigar materiales, a

Ignacio, Enrique y Carlos.

no partir de presupuestos estilísticos. A partir de ahí empieza ese placer de ir descubriendo materiales diferentes y exprimir sus posibilidades.

Y además, de alguna forma y aparte de los materiales, se rompe la "caja".

Efectivamente. Abandonamos la caja, la arquitectura empieza a ser esponjada, abierta, mucho más barroca en un cierto sentido. La voluntad de definición prismática que existe en todas las primeras obras, en Almería, en Ibiza, en Javea, en Miami, explota en Talavera y empieza la articulación y la investigación de dualidades: la cubierta larga, continua, autónoma apoyada en su propia estructura de pilares, y la vivienda, con una cierta libertad, por debajo.

Incluso aparece, por primera y única vez la curva. Reconozco que yo no sé hacer curvas. Bueno no es que no supiéramos... Ya había aparecido un primer círculo en Javea, el del comedor que remite al círculo de la rampa exterior, que se convierte luego en un cuarto de círculo en Miami y que pasa luego a ser el cilindro exento de aquí y luego desaparece; porque tras el leve recuerdo del giro curvo de la casa de Torrelodones, no ha vuelto a haber curvas. No es que tengamos nada contra las curvas, pero no nos acaban de salir. Debe ser otra limitación.

Y al fin llega la tesis doctoral.

El problema de la tesis doctoral es algo que obsesiona a todos los que tienen que hacerla. Y casi siempre se resuelve mal. También en mi caso se resolvió mal. Desde entonces me considero capacitado para aconsejar a los estudiantes. Porque yo no fui sensato: elegí un tema que estaba muy por encima de mis posibilidades. La decisión de dedicar la tesis doctoral a estudiar la arquitectura efímera se debe a que por entonces no había trabajos de ese tipo en España. Había leído cantidad de cosas de Luciano Patetta o Fagiolo dell'Arco o Michel Ragon. En Italia y Francia estaba muy estudiado. Pero en España no había casi nada y pensé: *"Es una oportunidad; puedo ser el que más sabe de algo aquí".* Así de sencillo. No había otra razón. Pero, claro, hacer un estudio sobre arquitectura efímera exigía un conocimiento de los sistemas bibliográficos y del manejo de los archivos, y de iconografía y paleografía y de *emblemata*, etc. que yo entonces no tenía. Eso hizo que mi tesis doctoral durara seis años, que es una barbaridad, y me exigió una dedicación absolutamente insensata. Tuve que familiarizarme con los sistemas de archivo, recorrer todo el país, desde Barcelona a Sevilla o Santiago. Obtuve el carné de investigador en la Biblioteca Nacional y en el Consejo Superior de Investigaciones Científicas y dediqué una cantidad enorme de tiempo a transcribir documentos hechos con una letra endiablada. Algo fuera de lógica, pero al mismo tiempo muy apasionante. Al principio pretendía abarcar toda la arquitectura efímera barroca en España.
Pero pronto me di cuenta de que el tema superaba mis fuerzas y empecé a acotarlo. Primero geográficamente: quedaría sólo la España peninsular, dejando Italia y América. Después lo acotaría cronológicamente: sólo desde la muerte de Felipe II hasta la de Carlos II. Y finalmente, el tema: había tal cantidad de celebraciones de todo tipo, que decidí limitarme al efímero funerario, quizás el más significativo. Fueron muchos años de trabajo, mucha dedicación a un tema marginal, aunque el tiempo dedicado al estudio y al trabajo nunca se pierde. Me dieron el Premio de Investigación del Colegio de Arquitectos, y eso siempre ayuda. Estoy convencido de que sin toda esta investigación, mi carrera universitaria hubiera sido distinta.

Casa en Talavera de la Reina. 1987-89.

José Antonio Ramos e Ignacio Vicens.

Casa en Ibiza, 1982-84.

Casa en Torrelodones.

Luego, llegaron las clases en la Escuela de Arquitectura y los cursos de El Escorial.

Cuando empecé a dar clase en la Escuela de Arquitectura, en la Cátedra de Javier Carvajal, el último que había entrado era Alberto Campo Baeza. Yo no era nada. Había un montón de profesores magníficos. Aquellas cátedras tenían adjuntos y agregados. Los "penenes" –profesores no numerarios– no existíamos prácticamente: éramos épsilon. Asistíamos a las clases de Javier sin abrir la boca. Y ya el primer año Alberto y yo decidimos que nuestra labor tendría que ser diferente. Como no podíamos casi hablar, íbamos a organizar conferencias y traer arquitectos extranjeros a la Escuela. Era descabellado. Estábamos solos, sin ayudas, pero tú sabes que Alberto Campo Baeza es una persona especialmente organizada. Escribíamos a los arquitectos, reservábamos hoteles y salones de actos, sacábamos los billetes, íbamos a recibirlos al aeropuerto, les acompañábamos... No sé de donde sacábamos el dinero, aunque el COAM ayudó bastante. Muchos de ellos vinieron por primera vez a España. En marzo de 1979. Richard Meier dio dos conferencias en la Escuela de Arquitectura. Luego trajimos a Peter Eisenman, Eduardo Chillida, Mario Gandelsonas, Vittorio de Feo, Mario Botta, Alvaro Siza, Jorge Silvetti, Tadao Ando –otro que venía a España por primera vez– Raimund Abraham, Emilio Ambasz,... La primera conferencia fue en diciembre del 78 y seguimos hasta mayo del 84. Estas actividades, que por cierto fueron bastante criticadas por quienes querían ver detrás intereses ocultos o ansias de autopromoción, era algo nuevo. Pero la verdad es que tanto Alberto como yo estábamos obsesionados con la formación extradisciplinar o extracurricular de los alumnos. No había más.

Desde esa arquitectura tan plural hasta ahora mismo, ¿qué se ha enseñado? ¿Qué valores queréis transmitir?

El primero de todos es que la riqueza de la Universidad pública está en la pluralidad. Lo que hace especialmente relevante a una Escuela es la diversidad de visiones. Todo menos el estilo, todo menos el formalismo; que cada alumno vaya encontrando su mundo personal. Alguna vez he oído decir que Alberto y yo tenemos una idea reductiva de la arquitectura. ¡Es increíble! Vamos a ver, estoy dando datos de lo que hacíamos nosotros en el 78, de qué tipo de gente traíamos. Porque además de los extranjeros invitamos a Peña Ganchegui, a José Antonio Coderch....y a artistas como Eduardo Chillida o Antonio López. Cuando en el año 1989 me encargan diseñar y organizar el primer curso de verano que se organiza en El Escorial dedicado a la arquitectura ¿sabes a quiénes traigo? A Jean Nouvel, Rem Koolhaas, Zaha Hadid, Charles Gwathmey y Michael Graves. ¡En el 89! Casi todos venían por primera vez a España. Y para completar el elenco, invito a Oriol Bohigas, Ignasi de Solá Morales, Juan Navarro

Ignacio Vicens, Alberto Campo Baeza y Richard Meier. 1980.

Baldeweg y Julio Cano Lasso. Contacto uno a uno con todos. Y para moderar los debates me traigo a Peter Buchanan, Pierre-Alain Croset y Sáenz de Oíza. ¿Es esta elección la de un doctrinario? Esto son datos, realidades; figura en mi *currículum* y presumo de ello. ¡Idea reductiva de la arquitectura!
Me siento profundamente comprometido con algo que me enseñaron de joven y que siempre he procurado vivir: que una de las características básicas de un intelectual es ser *"open minded"*, estar abierto mentalmente. Las "escuelas", los cenáculos cerrados, las logias, los grupitos, esos sí que son castrantes; esos sí que son reductivos. La Universidad obviamente es universal. Variada. Lugar de encuentro de visiones diferentes, complementarias y hasta opuestas.

¿Qué características, que valores, ha de tener el arquitecto que sale de la Escuela?

Has dicho una palabra clave. Y que me resulta sorprendente, porque no se utiliza con frecuencia. Hablar de valores en este tiempo es como hablar del Imperio Otomano. ¿Valores?, ¿Cómo se puede hablar de valores hoy en día? ¡Eso son categorías fuertes! Me alegra que me preguntes por los valores porque yo creo en ellos. Yo pienso que la educación en valores es extraordinariamente importante. Y que luego mis alumnos decidan. El gran drama de estos momentos es que frente a una formación técnica muy buena, los alumnos salen sin ideas, sin cimientos, sin capacidad de crítica. No tienen criterio. Éste es el problema ¿Qué es lo que me gustaría transmitir a mis alumnos? Criterio. Capacidad de decir: esto está bien o esto está mal. Y el criterio viene de la formación. Es una actitud para analizar las cosas, criticar, clarificar, metabolizar lo que realmente es interesante y rechazar lo que no.

Esa seguridad interior para nada está reñida con la idea de apertura mental. Y hablando de esto déjame que te mencione a otro profesor que me ha influido profundamente: Carlos Sambricio. Él cuenta, cuando quiere meterse conmigo, que me expulsó de un examen de Historia, por copiar. Y es verdad, aunque solo en parte: me expulsó, pero no por copiar, sino por soplar, que es distinto. Pero, en fin, tenía toda la razón del mundo. Digo que es otro de los profesores que me han dejado huella. Él me contagió la visión de la vida *sub specie bibliotecae*, a lo Borges: la pasión por el libro, la obsesión por la cita, el impulso por comprarlos, por coleccionarlos. Llega a ser casi irracional: amamos los libros y los compramos aunque no podamos leerlos, porque necesitamos tenerlos a mano. Carlos Sambricio me ha ayudado a entender profundamente la Historia de la Arquitectura, a ser muy crítico. Pero también hay cosas que me separan de él, como es lógico. Y muchas. De hecho, hemos discutido cantidad de veces. Porque la capacidad crítica de Carlos Sambricio, que es sencillamente admirable, en cierto sentido se agota en la crítica. Y no hablo de lo personal, aunque también, porque su ironía acerada es terrible.

Pero Carlos es historiador y yo arquitecto. Tengo claro, quizás porque soy un arquitecto comprometido con el quehacer profesional, que la capacidad crítica es solamente el primer paso, necesario, eso sí; el comienzo para luego ofrecer soluciones. Esa mentalidad crítica no puede acabarse en ella, tiene que concretarse en propuestas, en nuestro caso arquitectónicas. Pero sin ella, no hay arquitectura posible. La emoción sin estructura intelectual no es sino capricho. Pues bien, considero a Carlos uno de mis mejores amigos y nuestros planteamientos ideológicos difieren en casi todo.

En vuestra arquitectura participan, de un modo vivo, otras artes.

Creo que participan desde el propio proyecto. Mi interés por la escultura y la pintura, compartida con José Antonio Ramos, de alguna manera se nota en todo. José Antonio es mucho más sensible al arte que yo. Mucho más. Yo podría ser quizás un admirador del arte pero él es un magnífico pintor. Domina el dibujo y el color. La arquitectura nuestra seguro que está influida, imbuida, de esa plasticidad pictórica. Como sin duda lo está la de Juan Navarro Baldeweg, que es un pintor excepcional. Ese cuadro de ahí, Fauno, es suyo. Lo tengo frente a mí

Ignacio Vicens junto al "Fauno" de Navarro Baldeweg.

porque me alegra la vida. Alguien podría rastrear las influencias plásticas de Juan Navarro Baldeweg en su arquitectura. Pero hay una segunda cosa. Independientemente de eso que acabamos de decir, nuestro interés por la pintura y la escultura nos lleva a que estén presentes siempre pero de otra manera. Si alguien cree, como nosotros, que el arte dignifica la vida del hombre, lo normal es que quiera dignificar la vida de los que habitan en su arquitectura y desee que ese *plus* que es el arte –pintura, escultura–, esté presente en estado puro.

¿Crees que la arquitectura es un arte?

La arquitectura es tantas cosas al mismo tiempo que no puede carecer de su dosis de artisticidad. Sí, estaría dispuesto a dialogar sobre ello si tú quieres, pero hay que matizar tanto y dedicarle horas... Ahora bien, si alguien, como Hannes Meyer, se atreve a dictaminar que, y le cito textualmente porque su frase es paradigmática, *"la arquitectura, como todas las cosas de este mundo, es producto de la fórmula función por economía"* me opondré radicalmente. Eso sí que es reduccionismo infantil. De hecho, esa afirmación no puede aplicarse a casi nada de lo que verdaderamente importa: el conocimiento, el amor, el heroísmo, la excelencia, la arquitectura.... ¿Llegaría yo a afirmar que es una de las bellas artes? Qué más da. Está claro que la componente plástica de la arquitectura es un dato y que la arquitectura ha buscado, entre otras cosas, la belleza. No tiene interés establecer jerarquías, dictaminar qué es lo más importante en esa estructura multicapa que es la arquitectura, compuesta de tantos estratos.

Todos ellos forman esa compleja realidad, proteica e indescriptible en términos reductivos. Pero, insisto, la introducción en nuestras arquitecturas de la pintura y la escultura en estado puro viene determinada por esa convicción personal de que el arte ennoblece y dignifica la vida del hombre. Y, por lo tanto la presencia del arte es extraordinariamente positiva para todos. Soy muy amigo de pintores y de escultores. Sus obras me alegran la vida. Desde un punto de vista casi utilitarista insisto a mis clientes en que compren arte, disfruten de él y eduquen a sus hijos en un mundo en el que el arte esté presente.

La vivienda unifamiliar aislada es un tipo de proyecto en el que habéis trabajado mucho. ¿Cómo articuláis los diferentes espacios? ¿Cómo trabajáis el entorno?

La vivienda es el refugio último del hombre. Es el ámbito de la privacidad, de la intimidad de la gente y, por lo tanto, un lugar donde la experimentación es más difícil. Son excepcionales quienes admiten que se experimente con sus viviendas.
La mayor parte de la gente prefiere acogerse a lo que le da seguridad, es decir a lo conocido. Eso hace que la vivienda sea un tema especialmente delicado, difícil para innovar e investigar. Por otra parte, la vivienda es el ámbito donde se mezclan muchas cosas que deben armonizarse: la necesidad de privacidad va unida a la de la comunicación dentro de la familia. ¿Cómo se compaginan ambas cosas? Depende en realidad de la familia, de las personas, y de la figura del arquitecto. Has preguntado por algo especialmente interesante, si en nuestras viviendas está presente la consideración del entorno. La mayor parte de estas viviendas grandes se hace en urbanizaciones neutras, sin especial interés, donde no existe un entorno que dé pistas de proyectación. En estos casos, el ámbito que rodea a la arquitectura debe ser igualmente diseñado o será anodino. Por eso nosotros intentamos participar en el diseño de ese entorno.

La descripción del programa de uso y a cómo se suceden las relaciones entre las piezas, que probablemente definan al final el proyecto de la casa.

Definen qué es esa casa, qué tipo de vivienda va a ser: una vivienda muy interiorizada o una vivienda donde las relaciones sociales cuentan. Una vivienda hecha muy para la familia o una vivienda más de gente que vive al exterior. Las diferencias de las viviendas son ésas porque, en definitiva, el programa es una sucesión de requerimientos idénticos en todos los casos. Ésa es la dificultad y el reto de las viviendas unifamiliares. En su haber tiene enormes ventajas. Entre ellas, el hecho de contar siempre con personas concretas, determinadas, de carne y hueso. Alguien con quien puedes dialogar. Alguien a quien puedes convencer de que vivir en arquitectura es un placer que dignifica, que vale la pena. Y eso es imposible con la administración o con viviendas colectivas que dependen de un promotor. Si tienes suerte con ellos, magnífico. Si no... *lasciate ogni speranza.*

La arquitectura influye en las personas y ayuda al bienestar y a la felicidad de quien vive en ella.

Estoy plenamente convencido. Y es de sentido común. Desde luego no hay que ser conductista para darse cuenta de que un entorno grato, amable, bien diseñado, correcto, contribuye a la realización personal. Cuando hablaba antes de mi convencimiento de que es básico educar a los hijos en un ambiente, por ejemplo, en que el arte, la literatura y la cultura en general estén presentes, lo hacía plenamente convencido. He vivido personalmente todo esto, he sido educado en un ambiente donde todo esto tenía importancia y lo valoro extraordinariamente.

Algunos espacios tienen función exclusiva: dormitorios, baños. Otros son polivalentes: accesos, pasillos. ¿Cómo articuláis todo esto en los proyectos?

Damos una especial importancia a los accesos. Estamos persuadidos de que el paso entre interior y exterior no puede limitarse a abrir una puerta. Supone la transición entre dos mundos opuestos. Entrar en el de la privacidad exige un *tempo*, unos ciertos mecanismos, en definitiva una transición. Y ésta dependerá de las posibilidades del proyecto. Este tema nos preocupa y lo estudiamos con especial atención. La casa de La Moraleja se ofrece al exterior con muros bajos y se va descubriendo poco a poco. Hay un descenso, un giro, un patio, otro giro y finalmente la entrada. Todo eso responde, sin duda, a la voluntad de establecer transiciones entre el mundo exterior y el mundo de la privacidad. Pero además responde al placer de la percepción de la arquitectura. Es necesario acercarse a la arquitectura poco a poco. Siempre me impresionaron esas palabras que escribió Le Corbusier en la casa de Eileen Gray de Roquebrune: *"Entrez lentement"*. Estoy de acuerdo. A la arquitectura hay que aproximarse lentamente y disfrutarla sin prisas.

Para vosotros la arquitectura no es algo meramente funcional.

¡Qué reduccionismo! Insisto: estoy radicalmente en contra de las teorías de Hannes Meyer de función por economía. La función y la economía son dos datos de un problema muchísimo más complejo que engloba normativa, cultura, diseño del hábitat y el territorio, solución de problemas sociales, poética, historia, técnicas instrumentales, belleza, *weltangschauung*...

El aspecto sensorial influye en el hombre que es el centro, la medida y la razón de la vivienda.

Me alegra oírte hablar del hombre como medida y razón de la vivienda. Una vez más, nos une la oposición a la crítica posmoderna. Hoy en día los filósofos de la destrucción del sujeto consideran que el hombre es un mito. Lo afirma textualmente Althuser en *Pour Marx: "el sujeto es un mito de la ideología burguesa"* y por ello se atreverá Lévi-Strauss en *El Pensamiento Salvaje* a decir que *"el último fin de las ciencias humanas no es estudiar al hombre, sino disolverlo"*. Lo siento, pero no estoy para nada de acuerdo con ellos. Sigo sin encontrar nada más importante, aquí, en la tierra, que el hombre. Y sigo distinguiendo clarísimamente al hombre de la naturaleza. Y pienso que no es un elemento más de la naturaleza. Nuestra arquitectura no es para nada posmoderna en el sentido que lo podían pensar los filósofos de la destrucción del sujeto. Estoy pensando en las famosas frases de Althusser y Lévi-Strauss. Pienso, como mucha gente de mi entorno que el último fin de las ciencias humanas, y por tanto de la arquitectura, es la felicidad del hombre. Porque creo que el hombre es el referente básico. Y cuando hablo del hombre no lo hago en términos platónicos, ideales. Hablo de personas de carne y hueso, con nombres y apellidos. La gran ventaja de proyectar viviendas unifamiliares es, como decía antes, que las hacemos para personas concretas, cuyas sensibilidades y preocupaciones nos han sido reveladas. Así, el programa se puede discutir. No es algo impuesto por el propietario y que se acepta acríticamente. El arquitecto puede y debe aconsejar. Desde el conocimiento de las concretas formas de vida, puede mejorar un determinado programa.

¿Cómo organizáis estas viviendas? Los pasillos, las zonas, el exterior.

Pues depende de muchas cosas. Si hablamos, por ejemplo de la vivienda de Las Matas, que es longitudinal, alargada, la circulación tiene mucha importancia. Por lo tanto, se diseña en términos de recorrido, pasando por patios. En la vivienda de Las Encinas, el cliente nos pidió, entre otras cosas, que no fuera longitudinal. La circulación, en este caso, es una macla compleja con circulaciones en vertical y en horizontal y las visiones al exterior se producen hacia patios a diferentes alturas. Es decir, que depende muchísimo del concepto de vivienda. En la primera vivienda, la casa de Almería, en realidad no existe circulación, es un único espacio con subespacios cualificados, y es difícil identificar circulaciones. Quiero decir que no existen situaciones genéricas sino casos concretos. Hay conceptos prioritarios dentro de cada vivienda y esos son los que van a marcar todo el espacio generador. La casa de Talavera de la Reina es una vivienda muy alargada y sin embargo no se puede decir que haya circulación longitudinal.

Acceso Ibiza. Acceso La
Casa de Eileen Gray.

Existe un espacio que se subdivide. Sin embargo también es longitudinal la casa de Las Matas y ahí la circulación es extraordinariamente importante y se subraya mediante la introducción de una serie de patios.

¿Crees que es importante la relación con el espacio libre, con el terreno?

En el caso de la vivienda de Talavera de la Reina, que disfruta de un paisaje excepcional de encinas, la relación con el entorno es de ida y vuelta: la arquitectura lo cualifica y la naturaleza la complementa. Allí la dehesa en la que se enclava está tan presente que no se necesitaba un jardín, un espacio de transición. El jardín es algo que pertenece a la cultura de la casa de campo, es decir de la vivienda que vive del campo y, que por lo tanto su relación con él no es esencialmente contemplativa, sino productiva. Necesita el espacio intermedio de contemplación. Ésta es una casa en el campo, no de campo. Pero no precisa jardín, porque la relación con todo el entorno es contemplativa.
En otros casos las viviendas están situadas en urbanizaciones neutras, grises y vulgares y el jardín es sencillamente un complemento. Nos gusta controlar lo más posible pero confiamos en los técnicos y hemos trabajado con magníficos paisajistas.

¿Es necesaria una actitud positiva y optimista en el trabajo o en el proyecto?

Es difícil dedicarse a esta profesión desde la negatividad, porque puedes caer fácilmente en depresiones. Lo digo muy en serio. Detrás de tantos fracasos personales que hemos visto entre colegas hay una consideración pesimista del papel de la arquitectura en una sociedad que le da la espalda y un sentimiento de frustración. Por nuestra parte, si ser optimista significa pensar que podemos resolver los problemas de una forma correcta y positiva, creo que lo somos. Si ser optimista significa creer en los valores de belleza, bondad y verdad, nosotros somos optimistas y nuestra arquitectura lo es. No pretende ser problemática, desencantada o torturada, sino afirmativa, limpia y clara. ¿Que no ayuda a transformar una sociedad manifiestamente mejorable? Pues la transforma en parte. Y en su pequeño ámbito puede ser un elemento de paz y de cultura. En este sentido creo que debo ser optimista. Luego, mi propia formación personal, mis convicciones éticas más profundas, me llevan a la idea de que el trabajo bien hecho es lo que cuenta, y debe ser realizado con la mayor perfección posible. Ciertamente, no siempre se consigue. No soy tan insensato como para negar mis propias limitaciones. Pero intentamos superarlas en la medida de lo posible y realizar un trabajo con dedicación y ética profesional. En teoría, la satisfacción del trabajo bien hecho debe ser premio suficiente. Luego, la verdad es que al final nosotros nos llevamos también bastantes disgustos. No sé si por debilidad

Talavera de la Reina.
Las Matas.

o porque en realidad buscamos un tipo de satisfacciones que muchas veces no llegan. La arquitectura es algo muy complejo y no siempre sale todo lo bien que esperas. Ésta es una profesión que da muchos disgustos. Creo que uno de los problemas que tenemos José Antonio y yo es que nos involucramos totalmente en los proyectos. Lo cual es positivo en un cierto sentido. Pero no lo es tanto cuando las cosas se tuercen, cuando no van por los derroteros que esperas. Se producen frustraciones que no se darían con una actitud más despegada, más distante. Pero así es la vida. Y, sobre todo, así es como nos hemos planteado el trabajo, y estamos satisfechos de nuestra decisión. Esa entrega personal hace que tengamos un estudio relativamente pequeño. No es una empresa de servicios que pueda hacer cantidad de cosas. Todo lo que no podemos controlar personalmente empieza a no interesarnos, y hemos decidido aceptar sólo el trabajo que no se nos escape de las manos. Es una opción de la que no nos hemos arrepentido.

El proyecto como película: un guión, un argumento, un desarrollo y un desenlace. Y luego queda el recuerdo.

¿Porqué no? Puede ser una buena metáfora de cómo se hace un proyecto. En el estudio, José Antonio y yo trabajamos en mesas contiguas y nos consultamos absolutamente todo. No sé si éste es un método que funciona en otro tipo de asociaciones profesionales. Nosotros lo hacemos desde hace 20 años y nos va muy bien. Comentamos todas las ideas, todas las opciones. Se puede decir que los proyectos surgen constantemente de esa colaboración. Luego, el desarrollo del guión se hace en el estudio. Por cierto, aquí nadie ficha.
Aquí se cree en la responsabilidad personal, se confía en la capacidad y en la iniciativa de todos. Se exige cuando hay que exigir, se es muy flexible cuando se puede y se da mucha cancha a los colaboradores. Y gracias a eso se funciona en un ambiente muy grato. Queda el recuerdo, dices. En su primera visita a Madrid, Richard Meier me insistió en que sacara buenas fotos de mis obras.
Lo que queda de la arquitectura son las fotografías, me dijo. Lo consideré un comentario cínico y desencantado. Hoy, siento no haberle hecho caso. Acabo de visitar la iglesia de Villalba. Está destruída. Solo nos quedan los documentos gráficos.

¿Decidís desde el principio los materiales que vais a emplear?

Habitualmente sí, aunque a veces se concretan a lo largo del proyecto. En ese sentido somos relativamente flexibles. La casa de granito viene de la conjunción de dos voluntades: nuestra disposición de ampliar el abanico de los materiales que habíamos utilizado y la sugerencia del cliente que dejó caer que a él siempre

Despacho Vicens+Ramos.
Entrega Concurso Decanato
Justicia, 2006

le había ilusionado tener una casa en piedra. Sugerencia que al principio no recogimos y que después consideramos que podría ser un punto de partida del proyecto, además de un reto para nosotros. Si no habíamos utilizado la piedra hasta el momento, y se nos presentaba la oportunidad de experimentar con un material nuevo, sería absurdo no aprovecharla. Y esa fue la razón por la que utilizamos el granito. Eso tiene consecuencias. Una cosa lleva a otra. El edificio de la calle de Hermosilla lo proyectamos al mismo tiempo. Habíamos estudiado las fachadas ventiladas de piedra y pensamos que era especialmente apropiada en el contexto del barrio de Salamanca. Son muchos los factores que influyen en la elección de los materiales. Y como en todos los fenómenos complejos, casi siempre ligados entre sí. No suele haber una sola razón que explique todo.

La poética, la belleza, la idea, el ritmo están presentes en vuestros proyectos. ¿Es el resultado de una decisión inicial?

Lo que no está *in nuce*, no está en el desarrollo. Lo que no está en la raíz, se añade de manera precaria y por lo tanto es prescindible. Creo que desde los primeros croquis está presente esa voluntad de producir algo equilibrado en todos sus términos, y por lo tanto hermoso, bello. José Antonio hace unos croquis magníficos. Dibuja maravillosamente. Es un hombre paciente y domina las técnicas lentas, como la acuarela. Yo hago trazos rápidos y toscos, como buen nervioso y agitado. Esos croquis los hacemos al principio, durante el desarrollo del proyecto y al final. Todos esos dibujos pretenden verificar la validez de las soluciones concretas.

En vuestros proyectos aparece una arquitectura espacialmente abstracta y en algunas parece como si pudiéramos introducirnos en una escultura de Chillida o Pagola en la que entramos y la recorremos por dentro.

Nuestra voluntad es que la arquitectura sea muy matérica, en cuanto que queremos utilizar materiales muy tangibles. Espacialmente es abstracta porque en definitiva el espacio es pura abstracción, es un aire definido y matizado por la luz. Pero hay un tema de correspondencia escalar que me parece interesante. Estamos convencidos de que la buena arquitectura lo es a escala grande y a escala pequeña, con *zoom* y con gran angular, en el detalle y en el conjunto. Quizás habría que matizar lo del detalle, porque detalle no quiere decir sofisticación. Todos sabemos que Le Corbusier se fumaba un puro del detalle cuando no era relevante. En ese sentido nos interesa el diseño del detalle: como arquitectura a escala cercana.

Una puerta convencional, una ventana estándar son cosas que no entran en vuestro repertorio. ¿Rechazáis siempre la seriación?

Sería interesante ver por qué la puerta tiene que ser de 2,10, por qué una ventana tiene que tener un determinado tamaño: exclusivamente por cuestiones de seriación. En definitiva, la ventana convencional es algo que funciona muy mal, y nosotros somos muy críticos con las ventanas tradicionales. Estaríamos dispuestos a hacer una arquitectura seriada si fuera un dato, una condición, un punto de partida. Pero si se trata de diseñar una vivienda unifamiliar sin ese condicionante, no nos interesa lo estándar, lo ya hecho. Otros parten del catálogo que hay en el mercado. Espléndido. Para ellos la productividad, la economía es un dato extraordinariamente válido y no seré yo quien lo critique. Pero nosotros tenemos la oportunidad de hacer otra cosa. Reflexionamos sobre si la ventana tradicional es válida o mejorable. Si es preferible la visión de un exterior mediante un vidrio a hueso, sin ningún tipo de carpintería y diferenciarla de lo que es practicable y de la ventilación. La visión se produce mediante su propio mecanismo, la ventilación mediante su propio mecanismo, el acceso mediante su propio mecanismo. En cambio, la ventana que sirve para todo, todo lo hace mal: y empiezan a aparecer las rejas y las cancelas y los estores.... Esto es algo que nos aburre profundamente y con lo que somos muy críticos. Intentamos ofrecer alternativas siempre que es posible.

Muros gruesos, ausencia visible de pilares normales, paredes muy posicionadas y articuladoras del espacio. Todo muy contundente y firme.

Sí, ciertamente nuestra arquitectura es contundente y drástica. Aunque huimos voluntariamente de todo alarde constructivo. Dudamos poco en ese sentido. Lo

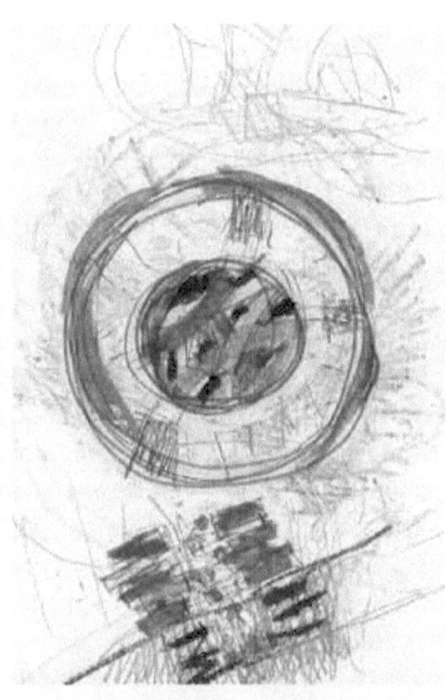

Detalle Edificio Hermosilla. Detalle Las Encinas.
Dibujos de José Antonio Ramos.
Las Matas.
Las Encinas.

tenemos claro. La nuestra no es una arquitectura en la cual se exhiba la construcción. Puede haber ocasionalmente alardes estructurales en el sentido que dices: hay elementos ingrávidos, que flotan no se sabe cómo. Permíteme que vuelva a Bernini, a su *Fontana dei Fiumi* en Piazza Navona. Recuerda cómo todo el peso del obelisco descansa sobre un vacío. La cueva que horada la roca se localiza precisamente en el lugar de máxima tensión, en la vertical del obelisco *agonale*. Es una sofisticación conceptual que entraña dificultades constructivas, pero que no son patentes. En ese sentido todo el prisma de la casa de Las Matas descansa sobre una franja de vidrio y el peso brutal de la esquina de la casa de piedra vuela sobre el vacío. Todo eso es voluntario: un efecto buscado, como lo era en Bernini. Pero hecho sin ostentación tecnológica. Todo parece fácil. Recuerda también el monumento funerario a Alejandro VII. El mármol flota, vuela ligero sobre la puerta, alzado sin esfuerzo por el esqueleto del Tiempo. Con naturalidad, con elegancia, sin aparente trabajo. No hay tecnologías patentes: están dentro, ocultas. La construcción sin duda es importante. Pero en nuestra arquitectura, no es el actor principal. Lo es el espacio. Y si el protagonista es el espacio, los demás actores deben de alguna manera hacer mutis por el foro y dejarle a él el brillo y los aplausos.

Entre los elementos singulares que definen la arquitectura está la luz: los huecos, los muros ciegos. A veces parece que subrayáis los juegos.

Si, a veces es algo enfatizado voluntariamente. Pienso en el vestíbulo de la Facultad de Pamplona. El hueco panorámico abierto al paisaje del *campus* está retranqueado de manera que no entre la luz; solo permite la visión. Toda la iluminación se refleja en el gran muro ciego a través de un lucernario oculto a la vista. El muro que ilumina. El vidrio al paisaje. Sin duda está en el límite. Pero lo plantemos casi en términos de manifiesto. Y ya se sabe que los manifiestos deben exagerar un poco para ser eficaces.

La Facultad de Pamplona es un edificio ciego en su exterior. Sin embargo, una vez dentro, es casi lo contrario: muy luminoso, hay iluminación natural por diversos lados. Es sorprendente.

Utilizamos todos los elementos que tiene un arquitecto para conseguir estas cosas: lucernarios, patios, fisuras, celosías.... No olvidemos que muchas veces la ventana es el recurso de la pereza, mientras que la creatividad lleva a la propuesta de alternativas. La última planta de la facultad de Pamplona se proyectó sin una sola ventana al exterior. Es el lugar dedicado a los seminarios. En una metáfora de la vida universitaria, introvertida y de estudio, se cierra totalmente al campus y se abre hacia patios interiores que dan una luz constante y

Casa en Ibiza, 2006.
Casa en Las Encinas.
Casa en Las Matas.

brillantísima todo el día, sin el peligro de disipación que supondría estar viendo la vida externa.

No sólo introducís luz, con sus sombras y matices. Por el patio es visible el cielo cambiante de las horas, la naturaleza.

Insistimos en que en esos patios de la facultad de Pamplona debía haber un único elemento, un *acer japonica palmatum*. Es un árbol especial. Sus hojas, con el tiempo, presentan todos los tonos de verdes, ocres, rojos, amarillos....
Es posible experimentar el cambio de estaciones, de primavera a invierno, mirando sus ramas. Así, en el espacio cerrado del patio, la naturaleza está presente y el paso del tiempo también.

Hablemos de la estructuración del edificio: cajas, cruces de espacios, muros. ¿Las circulaciones son elementos funcionales y volumétricos?

El recorrido es elemento prioritario siempre, y no solo en términos funcionales. El estudio de las circulaciones es imprescindible para ordenar la diversidad de los espacios y las funciones del interior, pero la historia de la arquitectura demuestra que no pocas veces es, además, ocasión privilegiada para la creatividad, cuando no argumento básico. La referencia al Guggenheim de Frank Lloyd Wright o al Museo de crecimiento ilimitado de Le Corbusier es casi banal, por evidente.
En la Facultad de Pamplona, los dos únicos gestos, digamos, que aparecen en la fachada hacen referencia a las circulaciones verticales. Son dos fisuras, estrechas y profundas, una horizontal y otra vertical. Corresponden a las dos escaleras del vestíbulo, que se desarrollan una paralela y otra perpendicular a la fachada. En cada una de ellas hay un peldaño, solo uno, en el que aparece la visión del *campus* a través de la fisura. Ni en el anterior ni en el siguiente pasa nada. Es, citando a Oscar Wilde, *"el tipo perfecto de placer perfecto: dura poco y te deja insatisfecho"*. Pero la escalera queda cualificada. No es solamente un mecanismo que permite pasar de la cota 0 a la +3,20. Ofrece una experiencia arquitectónica entre el dentro y el fuera.

Los espacios se determinan con materiales. Todo es manipulable por el diseño, incluso las texturas del material. ¿Qué importancia tiene esto en el proyecto y hasta qué punto es importante manipularlos según vuestra concepción del proyecto?

En este momento los materiales cuentan especialmente para nosotros. Cuando empecé el ejercicio profesional, solamente utilizaba el revoco blanco, abstracto, puro. Pero ahora intentamos explorar todas las posibilidades expresivas de los

Casa de Las Encinas.
Patio Facultad de Pamplona.

materiales y además procuramos no repetirnos. Las últimas obras han sido en vidrio. Y estamos planteando ahora otras en acero. Queremos dominar, en lo posible, las diversas técnicas y exprimir sus potencialidades. Ahora bien, lo que no creo, en cambio, es que el material determine nada. La arquitectura es un ejercicio de libertad del arquitecto; casi nada viene determinado. En todo caso, lo más determinante de todo serían, dejando a un lado la ley de la gravedad y las leyes económicas, las asfixiantes normativas. Hemos llegado a un grado de intervencionismo realmente preocupante. El control de la actividad del arquitecto que establece la nueva ley de la edificación llega a minucias inconcebibles, con resultados desgraciadamente estúpidos.

¿Llegáis a modificar o manipular el material hasta darle una textura más rugosa, menos rugosa, lisa, brillante, mate?

En general procuramos innovar. Buscamos algún tipo de aportación. Como es lógico, nos aburre lo ya hecho. En la casa de Las Matas utilizamos por primera vez el enfoscado oxidado con sulfato de hierro; la experiencia la repetimos en la casa de Torrelodones y en el asilo de Alcázar de San Juan. Tuvo gran éxito y vimos que mucha gente lo empezaba a utilizar. En ese momento decidimos abandonarlo. Hemos trabajado bastante con hormigón; con encofrados fenólicos cuidadísimos, como los de Pamplona, o muy sencillos y de muchas puestas como los de Villalba; con grano fino en el pantano de San Juan, con bujarda gruesa en Somosaguas, tratado con chorro de arena en Santa Lucía; hemos utilizado encofrados de tabla con mucho relieve y hormigón verde con árido de pórfido, en un proyecto que finalmente no salió. En la medida de lo posible intentamos no repetirnos, pero cuando llegas a dominar una técnica es una pena desecharla totalmente. En la vivienda de Ibiza utilizamos el vidrio por primera vez. Nos interesaba para ese caso concreto, y además como experiencia para el Coliseo de las Tres Culturas. Pero no es un tipo de solución que pensemos volver a utilizar en otra vivienda. Buscaremos nuevos materiales.

En general, en vuestros edificios ¿qué papel compositivo juega la estructura? ¿Y en el Coliseo de las Tres Culturas?

Lógicamente, depende del tipo de edificio que se haga. En las viviendas unifamiliares la estructura no suele ser factor relevante, y si en alguna ocasión lo es, preferimos que no se note demasiado. El caso del Coliseo de las Tres Culturas es diferente, claro. Hay grandes luces, espacios enormes. Pero incluso aquí, la presencia de la estructura, que es importante, no la planteamos solo en términos de necesidad o de optimización. No viene determinada por el cálculo. ¿Cuál es nuestro concepto de la estructura? Permíteme un ejemplo: la Caja de Ahorros de

Facultad de Pamplona.
Fachada acero corten en Rivas.
Muestras Coliseo de Las Tres Culturas.
Pamplona.

Granada, de Alberto Campo Baeza. En el gran vestíbulo la estructura está presente, qué duda cabe. De hecho, es protagonista, junto a luz. Está presente porque son cuatro hermosísimos, potentes, inmensos pilarones, casi romanos. Cuatro cilindros, no cuatro ecuaciones. Resultado de la decisión del arquitecto, no del ingeniero. Desde luego, no diseñados en términos de optimización estructural. Este es nuestro concepto del papel de la estructura y así la hemos planteado en el Coliseo de las Tres Culturas.

Los pilares de la Caja de Ahorros de Granada adquieren así un valor extraordinario y una enorme nobleza, que no tendrían si se mostrara todo el sistema estructural.

Ciertamente. Eso es lo que pienso.

En vuestros proyectos es difícil encontrar espacios estancos, siempre están conectados. ¿Esas visuales perceptibles de los espacios están previstas en el proyecto?

Procuramos hacerlo. La arquitectura se entiende muchas veces desde el recorrido y por tanto desde la percepción secuencial. Pero, cuidado, no estamos hablando de una arquitectura efectista, sentimental y escenográfica. Nos interesan las interconexiones en el sentido del *raumplan* de Loos, en el de la *promenade architecturale* de Le Corbusier o los cambios de ejes del Ledoux del *hôtel* Guimard.

Javier Carvajal realizó diversos edificios en hormigón visto.

Javier Carvajal ha construido, en mi opinión, la más hermosa vivienda unifamiliar en hormigón –que en realidad son dos: la suya y la de sus suegros–. Me refiero, por supuesto, a la casa de Somosaguas. Pero nuestra arquitectura y la de Javier Carvajal son muy distintas. Javier Carvajal hacía una arquitectura extraordinariamente articulada. La nuestra es mucho más esencial o despojada, en un cierto sentido. Desde luego, nunca hemos llegado a la perfección de las articulaciones de Javier Carvajal. No es lo nuestro. No vamos por ahí.

Hablemos un poco de los nuevos PAUS de Madrid. ¿Son demasiado iguales esos planes urbanísticos? ¿Crees que deberían haberse hecho más variables?

Veamos. El juicio crítico al urbanismo de los PAUS es unánime, y no seré yo quien salga en su defensa. Evidentemente tenemos obligación de ser críticos con la realidad, a la búsqueda de la excelencia. Pero el problema de los planeamientos suele residir en su rigidez antes que en su indeterminación. Los que creemos en la libertad, defendemos que las normas están hechas para evitar lo

Puerta de Hierro.
La Moraleja.
Coliseo de las Tres
Culturas.

malo, no para impedir lo bueno. Al menos en Sanchinarro la norma ha sido dina-
mitada con el edificio de MRVDV y Blanca Lleó. ¿Lo defiendo? Sin duda. Por lo
menos en su valor demostrativo, referencial. Es un signo, una pista para
trabajar sorteando la estupidez del planeamiento. Sé que ha sido denostado
por la *intelligentsia* sofisticada. ¿Y qué? Es tan fácil criticar... Y encima tan
divertido, reconfortante e ingenioso... Crear es francamente más complejo.
Bien. Espero ansioso las soluciones de los críticos en los solares que restan. A
veces, comparar es muy didáctico. ¿Me entusiasman los PAUS que se están
haciendo?, Nada. Pero me parece que al menos cabe en ellos la buena arquitectura, y una ciudad relativamente digna si la comparamos con otros ejemplos.
Algunos de esos PAUS han exigido la demolición de ciertas agrupaciones realizadas después de la guerra para realojo de chabolistas. Muchas de estas
obras eran de una calidad arquitectónica extraordinaria y estoy pensando en
algunos poblados dirigidos que ya no existen. ¿Qué lamento yo de esto?
Lamento, sin duda, la desaparición de una arquitectura ejemplar, creada en una
situación extraordinariamente difícil y con presupuestos escasísimos. Pero no
lamento que las circunstancias sociales hayan hecho inviable la vida en ellos.
Hoy en día esos poblados son difíciles de mantener por obsoletos. No tienen
las condiciones mínimas de habitabilidad.
¿Deberían haberse conservado? A lo mejor alguna cosa, como ejemplo de
buena arquitectura hecha en momentos de extrema carestía para resolver
problemas de supervivencia. No añoro la vida de esos poblados, aunque siento
que haya desaparecido la arquitectura. Me alegra, en cambio, que ya no sean
necesarios. La situación social ha cambiado de tal manera que hoy en día es
impensable vivir en ellos. Quiero ser crítico con la falta de calidad urbanística de
todos estos PAUS, pero, al mismo tiempo, acepto que, en sí mismos, suponen
una mejora objetiva, aunque no suficiente, de la realidad que sustituyen.

Panorama actual: ¿Qué arquitectura destacarías?

Alguien dijo alguna vez que solo hay dos tipos de arquitectura: la buena y la
mala. José Antonio y yo tenemos una gran ventaja: admiramos profundamente
toda la buena arquitectura, sea del tipo que sea. Eso nos permite multiplicar el
grado de disfrute. La maravilla de un mundo como el nuestro es la convivencia
de aproximaciones diferentes. La oferta simultánea de opciones distintas. ¿Qué
es lo mejor de la arquitectura actual? Sin duda, su variedad.

¿Cuál es vuestro proyecto soñado, si es que existe?

Nos gustaría que tantos concursos en los que hemos puesto gran ilusión y no
han salido adelante, se construyeran. Estoy pensando en los proyectos del

Proyecto de
viviendas en
Coslada.

Aviario, o de las viviendas de Coslada, o este último concurso para el
Decanato de la Ciudad de la Justicia, del que estábamos muy satisfechos; ha
ganado el tercer premio y por lo tanto no va a ser construido. Más que edificios
soñados, lo que desearíamos es ver realizados esos proyectos que no han
cuajado.

*En tu texto "La espada y la llana" describes el diseño de los espacios sacros
después de Sacrosanctum Concilium. Las estructuras pluridireccionales, la participación dinámica, el policentrismo, el espacio litúrgico. ¿En qué proyectos habéis
podido desarrollar estos conceptos?*

Doy gran importancia al arte sacro. Es algo que me interesa a fondo y con lo que
vibro especialmente. He dedicado mucho tiempo al estudio de la normativa
litúrgica desde mis propias convicciones. Soy católico y pienso que la Iglesia,
que ha sido siempre ejemplar dinamizadora de la arquitectura y del arte, no debe
dimitir de esa labor. Por mi parte, quisiera contribuir, en lo posible, a ello.
Ahora bien, hoy tenemos problemas muy graves. En el artículo "La espada y la
llana" hablo de algunos. Efectivamente, existen adversarios internos y externos.
Hay enemigos de fuera, que directamente atacan la misma posibilidad de la existencia del arte sacro. Otros, desde dentro, se dedican a poner todo tipo de
pegas. Por no hablar de los que, directamente, prescinden de los nuevos requerimientos litúrgicos, instalados en lo "tradicional" y "seguro". En medio de todo
esto, los arquitectos interesados en incrementar o implementar las posibilidades

del arte sacro tenemos que construir como Nehemías, con la espada en una mano y la llana en la otra, intentando hacer posible un sueño atacado por todos los flancos. Una vez más son los proyectos no realizados los que dejan una cierta dosis de amargura. Hay un primer proyecto para el templo de Rivas-Vaciamadrid en el que pusimos muchas esperanzas. Era una propuesta ciertamente novedosa, que conseguía conjugar los requerimientos litúrgicos con las imposiciones de un solar estrecho y largo. No fue posible.

También el primer proyecto de la Iglesia de Villalba era, a nuestro juicio, más adecuado, en términos conceptuales y litúrgicos, que el que se hizo finalmente. En este momento trabajamos en un proyecto que creemos puede encarnar bastante bien nuestro concepto de templo posconciliar. Me refiero al centro parroquial de Ponferrada, que combinará la planta centralizada con esa pluridireccionalidad de la que estamos hablando. Hemos integrado la capilla del Santísimo en el espacio central del templo, de manera que no sea algo marginal. Creemos que puede ser una solución.

La cruz del altar puede ser colocada de diferentes formas. ¿Cómo la colocáis vosotros?

La Cruz es el signo básico del cristiano. Así pues, debe ser protagonista en el templo. Su situación y su tamaño tendrán que adecuarse a la concepción espacial concreta. No nos parece apropiado apoyarla sobre el altar, pues dificulta la visión. Pero puede estar muy bien cerca de él o colgada encima. Hay una íntima relación entre el altar y la cruz –de hecho la cruz fue el primer altar– que debe quedar subrayada por su proximidad. En Villalba, se combina la cruz procesional colocada junto al altar con la imagen del Cristo resucitado, que realmente preside todo. Esa escultura formidable que ha realizado Javier Martínez, con los brazos abiertos, aúna el recuerdo de la cruz con la idea de acogida, de arrastre al cielo de la comunidad cristiana. Es un ejemplo magnífico del valor y la eficacia del signo en el arte sacro.

La fuerza del signo de la cruz conviene, de alguna forma, enfatizarla.

Nuestra lucha, a menudo, es evitar que se banalice, que se debilite su fuerza a base de repetirla. La cruz es un signo demasiado importante para convertirlo en elemento decorativo. No debe utilizarse como adorno. No soportamos que se utilice en bancos, vestiduras, plafones, apliques, puertas, pavimentos... Ni siquiera en los ambones o los atriles. Solo desde la vulgaridad y desde la pereza pueden ponerse cruces sin significado, como pura decoración. Pero claro, resulta una solución muy socorrida cuando no hay argumentos de diseño. Siempre proponemos una sola cruz. Repetirla reduce su valor, aniquila su eficacia. La cruz no es un anagrama, ni un signo superficial.

Primer proyecto para el Centro
Parroquial de Villalba.

Interior de la iglesia de Villalba.

Maqueta del Centro Parroquial de
Ponferrada.

Con lo demás hacéis lo mismo. Solo hay un altar, solo hay una entrada.

Todo lo que se repite pierde fuerza. Solo hay un altar porque solo puede haber uno. Las disposiciones litúrgicas son terminantes en esto. Pero además, su singularidad lo hace especialmente digno. Enfatiza su protagonismo.

En algún proyecto, en lugar de bancos, queríais colocar sillas. Tampoco eso es banal.

Sí, en las capillas del Santísimo. Precisamente para cualificar el espacio de una manera diferente. Los bancos son apropiados para la nave. El templo es el lugar donde el pueblo de Dios se reúne para celebrar colectivamente los misterios de la salvación. Las celebraciones litúrgicas no son acciones privadas, sino comunitarias. La idea de compartir asiento aquí es, por lo tanto, apropiada para la nave. Sin embargo la capilla del Santísimo se dedica a la reserva eucarística y la adoración personal. Es un lugar para la oración privada y pensamos que sustituir los bancos por asientos individuales ayuda a subrayar ese carácter. Pero hasta el momento no lo hemos conseguido. Sigue siendo una de las asignaturas pendientes.

¿Cómo creéis que han de verse desde el exterior estos edificios?

Por de pronto, con presencia. Un templo debe ser un edificio de referencia. Siempre lo ha sido en nuestro mundo y no veo porqué debe dejar de serlo. Incluso prescindiendo de su componente espiritual, atendiendo solo a su valor comunitario, debe pretender cualificar el espacio urbano. Es un hito en el tejido residencial, no menos que un polideportivo o un centro comercial. Además, el concepto de lo sacro, en cuanto opuesto a lo profano, habla de una realidad "otra", diferente, separada. Lo profano es lo consuetudinario, lo sacro lo segregado y ofrecido. Exige una diferencia, una singularidad. No creo en los templos mimetizados con el entorno. No se incrusta más en la sociedad por instalarse en un garaje.

Antiguamente el campanario era el elemento significante.

Tengo que reconocer que soy bastante crítico con las cosas tradicionales que han perdido sentido. Por lo tanto soy bastante crítico con los campanarios. Hay muchas formas, más útiles y eficaces, de avisar. No sé cual es el sentido que puede tener la campana ahora. Exigir campanarios me resulta tan curioso como pedir establos en los edificios: ya no hay caballos ni carruajes. Muchas veces responde a una mentalidad inmovilista y conservadora, que se siente

Perspectiva interior Iglesia de Ponferrada.
Centro Parroquial de Rivas. Madrid, 2006.

segura repitiendo acríticamente lo de siempre. Pero la repetición de lo que no tiene sentido es sencillamente locura.

Desaparece un elemento simbólico y visible.

Podemos hacerlos visibles de otra manera. Esa presencia de la que hablaba antes no tiene porqué estar ligada a elementos obsoletos. La Iglesia de Villalba enfrenta a la plaza una potente fachada-retablo. Tiene una esquina para campanas, porque finalmente nos pidieron que las hubiera, pero no añaden nada a la visibilidad del templo en el tejido urbano. Otras veces el contraste vendrá determinado no por la altura, sino por la horizontalidad. Eso depende siempre del entorno. Pero sí consideramos relevante que no pase inadvertido.

En el Coliseo de la Tres Culturas enlazáis la investigación del vidrio con la fachada de la vivienda de Ibiza y también los "dedos" del Coliseo con los "dedos" del centro parroquial de Rivas. ¿Hay algún elemento más del edificio del Coliseo de las Tres Culturas que esté visible en otro proyecto?

Sin duda podrían rastrearse muchas conexiones entre diferentes proyectos. Algunas aplicadas de manera consciente, otras no. Esos "dedos" del Coliseo sólo formalmente tienen algo que ver con los lucernarios de Rivas. Conceptualmente son muy distintos. Responden a una voluntad clara de subdividir los espacios de uso colectivo. Considerábamos, de acuerdo con la propiedad, que debíamos evitar no solo la masificación sino hasta la apariencia de masificación. Dos mil quinientas personas pueden estar en un único espacio escuchando ópera, con la atención fija en el escenario; pero no en los descansos. No es el Bernabéu. Se trataba de enfatizar la diferencia entre ir a la ópera e ir a un estadio. Esa es la razón por la cual decidimos fragmentar los vestíbulos y zonas de descanso: facilitar la creación de grupos pequeños. Y de forma natural la división condujo a la fragmentación. Que esa fragmentación se concrete plásticamente de manera parecida al retablo de Rivas es comprensible: lo proyectamos los mismos arquitectos en la misma época. Pero es una semejanza exclusivamente formal. El concepto y las razones son muy diferentes.

Madrid, 18 de diciembre de 2006

Esta entrevista fue publicada originalmente en el libro VICENS+RAMOS/20 años, agradecemos a la Editorial Pencil por permitirnos reproducirla aquí.

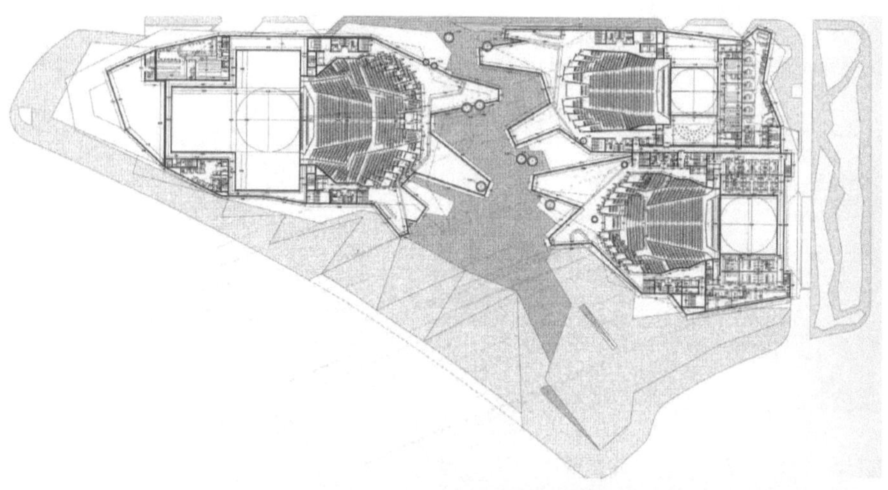

Planta Coliseo de las Tres Culturas.
Coliseo de Las Tres Culturas.

NOTAS SOBRE LA ENSEÑANZA DE PROYECTOS

EXCUSATIO

Unas reflexiones como las que se presentan en las páginas siguientes impiden, por definición, cumplir la máxima kantiana de la *Crítica de la Razón Pura*, que aconseja (*"de nobis ipsis silemus"*) evitar referencias autobiográficas o aproximaciones excesivamente personales en un trabajo intelectual. Porque, atreverse a expresar por escrito algunos planteamientos docentes, implica necesariamente hacer un ejercicio de introspección, una reflexión contrastada por la experiencia propia sobre el proyecto de arquitectura y su enseñanza.

Ahora bien, toda mi vida como arquitecto se ha desarrollado entre la Escuela y el Estudio, entreverando la enseñanza con el ejercicio profesional. Hoy, no sabría disociar éste de aquélla. Divorcio jamás pretendido, por otra parte: un profesor de Proyectos que no quiera parecerse a fray Gerundio de Campazas (alias Zotes), difícilmente podrá separar la reflexión sobre la arquitectura y su enseñanza del fatigoso, arduo y enriquecedor intento de hacerla realidad.

Existe, claro, la experimentación *"in vitro"*. Pero la teorización "pura", desconectada solipsísticamente del mundo de lo concreto, presenta inconvenientes no pequeños; entre otros el peligro que acecha a todo academicismo: el autocanibalismo de la pescadilla que se muerde la cola. Miope ante cualquier objeto extrínseco al acotado campo de interés del cenáculo, el teórico "descontaminado" habla de una realidad hermosa, mas con un inconveniente: no existe.

Lo mejor del pensamiento occidental ha sabido siempre concretar sus postulados en el campo de batalla de los problemas reales: económicos, sociales, políticos, culturales... Lo mejor del pensamiento arquitectónico ha sido fatigosamente construido en un intento admirable de verificar su validez en un mundo determinado y una cultura precisa. Se aleja, así, el riesgo del autismo; se aporta, así, el ejemplo de la experiencia.

Acordamos, pues, que ese fructífero entrelazarse de enseñanza y ejercicio profesional es ventaja no pequeña para quien intente ayudar a otros a recorrer caminos personalmente descubiertos, transitados y sufridos.

Claro, que el precio que se paga, es la imposibilidad de articular un discurso fríamente objetivo. La máxima kantiana debe, pues, reconducirse hacia un deseable distanciamiento desapasionado del propio *"iter"*, con la pretensión de ofrecer una experiencia generalizable.

Digamos cuanto antes que, de ninguna manera, pretendo desplegar una erudita demostración de conocimientos y datos. Quiero solo reflexionar sobre un problema con la única ayuda de aquél *bons sens* del Discurso del Método que, acaso de forma excesivamente optimista, Descartes suponía presente en todo hombre.

Estos pensamientos sobre el proyecto arquitectónico y su enseñanza encuentran su fundamento en una doble investigación teórico-práctica y en múltiples experiencias personales que han sido objetivadas con el fin de hacerlas transmisibles. No constituyen un programa con vocación de globalidad ni pretenden otra cosa que compartir experiencias.

El año siguiente a terminar la carrera fui contratado como profesor de Proyectos. Desde entonces, y durante más de treinta años, la Escuela me ha ofrecido la oportunidad ininterrumpida de ofrecer a nuevas generaciones el entusiasmo que supo inculcarme a pesar de su pregonada obsolescencia. Aquellas personales travesías del espíritu resuenan ahora en el marco que las vio gestarse, donde como catedrático de Proyectos, puedo compartirlas con los alumnos.

Las reflexiones que a continuación ofrezco no son más que algunas entre las muchas posibles aproximaciones a la enseñanza. Soy plenamente consciente de ello, por lo que acepto, desde ya, su posible carácter reductivo e incluso sesgado.

Defiendo a fondo el derecho de cada cual a formar sus opiniones y a manifestarlas libremente, por lo que reclamo simétricamente el mío a hacerlo por mi cuenta. Esto implica aceptar inexcusablemente la coexistencia de una proteica variedad de posturas intelectuales, siempre complementarias aunque a veces contrapuestas. Lo cual, por cierto, puede ser altamente positivo y enriquecedor siempre que estén fundamentadas y no reducidas a los esquemas simplistas de "lo que debe hacerse" y "lo que no".

Quizá la mayor ventaja de una Universidad pública y de masas como la nuestra sea, precisamente, su configuración abierta, que le permite ser marco de ofertas extraordinariamente variadas; en ello está su riqueza. Añorar homogeneidades ideológicas, organizativas, administrativas o de cualquier otro tipo es optar por situaciones cercanas a modelos privados, bien diferenciados de nuestra Escuela.

La pluralidad es hoy, a mi juicio, uno de los grandes activos que la Escuela de Madrid puede ofrecer a los alumnos. Las diferentes aproximaciones metodológicas, ideológicas y hasta organizativas redundan, claramente, en beneficio del alumno, que evita el peligro de visiones uniformes, dogmáticas o reduccionistas. Su salvaguarda es vital si se quiere mantener el talante abierto e integrador que la distingue frente a otros centros docentes.

Alguien dijo alguna vez que solo los poetas son capaces de encontrar la palabra justa; que solo ellos son capaces de ir al centro de las cosas, directamente, sin circunloquios ni rodeos, acertando en el núcleo a la primera. Nosotros, académicos, gustamos en cambio de la prolijidad pomposa. Nos encanta explayarnos en disquisiciones eruditas, divagar en nimiedades –irse por las ramas, ya se sabe, es una excursión típicamente universitaria; el deporte favorito de los docentes, como, por otra parte, demuestran irrefutablemente estas líneas...– El lector inteligente (y en este caso, como el arrojo en los círculos castrenses, la presunción es obligada) sabe superar los defectos formales de la exposición.

No conviene, sin embargo, apurar la suerte. Reconozco haber pasado algunos de los momentos más aburridos de mi existencia intentando descifrar los crípticos lenguajes de algunos afamados arquitectos o críticos de arquitectura, tan eruditos como pesados.

Confieso, por mi parte, una cierta tendencia a la retórica barroca y a la farragosa verbosidad académica. Siento no poder, a veces, refrenar el adjetivo. Espero, al menos, evitar al sufrido lector la fatiga de lo pedante y el hastío ante lo oscuro como táctica simuladora de profundidad.

Ser ameno es mucho pedir; intentaremos, al menos, evitar el bostezo...

PROYECTO E INTEGRACIÓN DISCIPLINAR

Que la asignatura de Proyectos debe constituir el eje de la enseñanza de la Arquitectura es ya un tópico reiteradamente afirmado, si bien francamente, menos cumplido. De nuevo se verifica el apotegma estampado por D. Victor D'Ors al frente de su manual, que arrancaba indisimulados regocijos en sus alumnos de entonces: *"Las cosas son como son, no como deberían ser"*. Y sin embargo, es cierto. Una cosa es aceptar el carácter vertebrador, troncal de la asignatura y otra acertar a definir su relación con el resto de las materias del *curriculum*.

La integración en el proyecto del resto de conocimientos técnicos, científicos y culturales que la Escuela ofrece es sin duda labor personal del alumno, (la crítica y la síntesis, características del intelectual, son operaciones no delegables) pero debe encontrar un marco en las estructuras académicas. Y es un hecho que el incesante aumento de materias instrumentales, imprescindible por otra parte dada la creciente complejidad de la actuación profesional, no facilita aquella síntesis. De hecho, la fragmentación de la enseñanza actual se evidencia en una aproximación a los proyectos carente de la visión global que le es sustancial.

Como siempre, realizar un diagnóstico es más fácil que el establecimiento de
estrategias correctas para su resolución. Y especialmente, en una situación
como la actual, de difícil adjetivación global. En efecto, frente a dictámenes
descalificadores y pesimistas sobre el estado de la enseñanza, que prestan
exclusiva atención a los factores negativos –por otra parte evidentes– procede,
a mi juicio, una evaluación esperanzada y fundamentalmente optimista.
Intentaré fundamentar estas consideraciones. La fractura, la escisión entre la
enseñanza del proyecto y el estudio de otras áreas de conocimiento técnico y
científico se remonta al origen de las Escuelas de Arquitectura, enfrentadas, en
su concepción pedagógica, al aprendizaje tradicional de la Academia de Bellas
Artes. Se insiste en las Escuelas en el carácter universitario, "científico" de la
docencia, frente a la aproximación "artística" que se achaca a la Academia. La
creciente complejización del entorno profesional, muy especialmente a partir de
la generalización de las nuevas tecnologías constructivas en nuestro siglo,
obliga a multiplicar el tiempo dedicado al adiestramiento en esas técnicas, así
como el conocimiento de las disciplinas teóricas que las sustentan. No es
extraño, así, el progresivo deterioro de la visión global de la arquitectura
centrada alrededor del proyecto, que deviene en una disciplina más, entre otras.

La propuesta de los modelos de taller, experimentados en la Bauhaus, pretende
solventar, desde presupuestos ideológicos muy concretos, esta situación que ya
se reconoce anómala. El interés del ensayo viene avalado por los resultados en
aquella escuela y en los centros, básicamente norteamericanos, que estructura-
rán su docencia sobre estos esquemas. Ahora bien, todos estos centros son
privados y restringidos a un número de alumnos concreto, seleccionado y
escaso. El problema radica en la dificultad de trasplantar el modelo a situaciones
tan diferentes como las Universidades estatales de nuestro inmediato entorno
cultural, de gestión pública, selección abierta y un número de estudiantes que
parece imposibilitar cualquier esquema de tutoría.

Quizás la antigua división curricular, con cursos de tipo preparatorio, en los
cuales el proyecto estaba ausente, favoreciera esa visión dicotómica. No resulta
fácil encarar el proyecto como una actividad creativa y productiva, donde la
práctica se resuelve en continua referencia a la teoría, sobre la base de una
enseñanza disociada hasta en los ciclos. En este sentido es esperanzador el
cambio realizado que acertadamente involucra al alumno en el proyecto desde su
primer contacto con la Escuela.

A mi juicio, sin embargo, para paliar esa fractura y por encima de los marcos
administrativos, es importante insistir en lo que podríamos llamar una mentalidad inclusiva por parte del alumno. El universitario, por definición etimológica,

debe interesarse por una multitud de saberes; por definición lógica, debe saber integrarlos, metabolizarlos en un criterio coherente. El viejo adagio de Terencio (*Homo sum, nihil humanum a me alienum puto*) es paradigma de la tesitura universitaria: "porque soy hombre, nada de lo humano me es ajeno"; o, si he de apurar el ejemplo hasta el final: todo el conjunto de intereses multidisciplinares sabré estructurarlos coherentemente en la unidad del proyecto, porque soy proyectista, porque soy arquitecto.

Esta actitud integraría, de paso, junto a lo específicamente relacionado con la formación disciplinar, muchos otros aspectos que la desbordan. De la coincidencia de estas líneas de intereses, que podríamos calificar genéricamente de culturales, en cuanto referentes a un sistema amplio de percepción de la realidad, se derivaría un enriquecimiento del patrimonio cultural del alumno y, consecuentemente, una ampliación de sus instrumentos operativos y de su capacidad creativa. Pero, sobre todo, la visión centrada permitiría la visión universal, es decir la integración coherente de una realidad multiforme alrededor de lo categórico, de lo realmente medular, sin perderse en aspectos parciales que desenfocan el conjunto.

Entendida así la asignatura, la enseñanza del proyecto se produce en un ámbito en el que conviven conocimientos prácticos e investigación teórica. La actividad creadora se mueve siempre dentro de un marco conceptual, acompañada de un cortejo de saberes prácticos, que desarrollan al tiempo las capacidades analíticas y las sintéticas; "*poiesis*" y "*techné*", ideación y ejecución, comparten territorio desdibujando las fronteras entre investigación y realización, entre abstracción genérica y concreción práctica; y, aún más, entre el proyecto arquitectónico y su entorno cultural.

Esta postura abierta, integradora, busca al tiempo acercar el mundo de la realidad profesional al de la experimentación, para mutuo beneficio. El apresurado descartamiento, en ciertos medios académicos, del ejercicio profesional, entendido exclusivamente como praxis desconectada de preocupaciones culturales, y la simétrica desdeñosa suficiencia de los que acusan de autista al mundo universitario frente a las solicitaciones sociales, son igualmente ridículos por simplificadores. La convergencia es posible y será fecunda para ambas posiciones. El proyecto, aceptando siempre la radical diferencia entre simulación y realidad, puede ser el campo de encuentro entre la especialización de las técnicas instrumentales y la generalización de los planteamientos teóricos.
Las condiciones del proyecto

El arquitecto proyecta lo que ya sabe. Porque tiene la idea, la puede transmitir.

La forma arquitectónica, que responde a una idea –por no usar el término clásico de traza, en el sentido empleado por el P. Sigüenza en cuanto "excogitación", es decir, ideación o estructura mental previa a la representación– es el objetivo final del proyecto. A su génesis cooperan multitud de factores o condiciones que orientan el acto final electivo, la decisión última; que transforman la sugerencia poética de la idea en definición inequívoca de la forma.

Cuanto más razonado y exhaustivo sea el análisis de esos condicionantes, menos arbitrario será el momento formalizante final. Especialmente, en el ámbito académico, será imprescindible insistir en los aspectos objetivos, analizables, dimensionables, estudiables en términos casi taxonómicos. La lógica nesciencia del alumno, asociada a una cómoda pereza, le lleva con frecuencia a confiar en exceso en los aspectos emotivos, intuitivos, del acto proyectual, en detrimento de los factores disciplinares. Los profesores temblamos a diario ante el argumento supremo que esgrimen los alumnos, interrogados por las razones de sus propuestas: *"Yo quería..."*

Toda insistencia será poca en la consideración de que emoción sin estructura –mental– es puro capricho. Cuando Keats concluye en su Oda: *"truth is beauty, beauty is truth"*, está proponiendo el conocimiento analítico de los factores objetivos que concurren en el instante creador, la noética de la estética.

Desvelar estos mecanismos y ayudar a su reconocimiento es asentar sobre bases racionales el ejercicio electivo de la configuración formal. Será, así, un acto humano en el sentido globalizante, totalizador del término, que afecta a la compleja, multiforme aproximación a la realidad del hombre: simultáneamente racional e intuitiva, lógica y patética, apolínea y dionisíaca, consciente o no...

Pero la agrupación de condicionantes para su estudio es, asimismo, un acto arbitrario, en cuanto existen multitud de aproximaciones eficaces, ninguna de las cuales agota el mundo de lo posible. Entramos en el campo de la convención. Hace años, Javier Carvajal proponía, en las clases que anotábamos afanosamente, una triple división de condicionantes que llamaba "disciplinares, extradisciplinares e interdisciplinares". Si, entonces, nos hicieron pensar, tal vez su reconsideración no sea del todo inútil. Convención no es antitética de invención, pero puestos a aceptar convenciones permítasenos el pequeño homenaje de la cita.

Los condicionantes **disciplinares** pertenecen al campo interno de la arquitectura en un sentido específico, diferenciado. Son dimensiones del proyecto que el arquitecto cualifica mediante su actuación, transformándolas, manipulándolas.

Carvajal las identifica como **forma, espacio, construcción y orden.**

Los condicionantes **extradisciplinares** afectan al proyecto desde fuera. Son puntos de partida que exigen reconocimiento antes que manipulación; escapan básicamente a las posibilidades combinatorias o electivas, e influyen en la formalización por lo inexorable de su presencia. Siempre, según Carvajal, se clasifican como **función, lugar, técnica y cultura.**

Finalmente, los condicionantes **interdisciplinares** son compartidos, de forma no unívoca, por distintas ramas operativas del conocimiento, y se aplican al campo específico de la proyectación de forma selectiva. Siguiendo la división cuatripartita que permite posteriores relaciones identificadoras, Carvajal distingue entre **morfología, topología, tecnología y estilo.**

Podría acusarse a estas reflexiones de ejercicio escolástico puramente teórico, y quizás, no sin razón. Es claro que la definición y estudio de los condicionantes arquitectónicos y la comprensión de sus relaciones no resuelven el problema basilar de la creatividad, pero, al menos, señalan un camino. Siempre cabe la posibilidad de que ayuden a alguien a clarificar el proceso proyectual. La identificación de estas categorías en los ejercicios de los alumnos puede colaborar a la formulación de un análisis objetivo y al establecimiento de una crítica argumentada.

Y permite insistir en los aspectos racionales del proyecto, los primeros que olvidan los alumnos.

Pero caben otras aproximaciones, como es lógico. La relación entre arquitectura y lugar puede excitar en el alumno la capacidad de análisis y respuesta a los aspectos físico-ambientales. La naturaleza, entendida como paisaje, clima, orografía, ambiente, etc. debe ser constante motivo de reflexión arquitectónica. El valor del entorno condiciona el proceso de génesis proyectual, en tanto que la arquitectura, incide sobre el medio y viceversa. Un edificio nunca está aislado, ni siquiera en el desierto.

De las relaciones naturaleza-artificio puede pasarse a las de la arquitectura a otras arquitecturas. La herencia construida constituye no solamente un patrimonio de cultura, sino el marco de referencia de una tradición disciplinar ineludible para el arquitecto.

Así, el respeto por las preexistencias, perfectamente alejado de estériles acomplejamientos o de bárbaros desdenes, incluye el conocimiento del saber compositivo cultivado por la arquitectura histórica, y la consideración de conceptos como escala, proporción, ritmo, jerarquía, que le sirvieron de instrumentos de control del diseño formal y espacial.

En todo caso, la experiencia avala la eficacia de iniciar a los alumnos a través del estudio de los condicionantes citados que, en sí mismos, constituyen una primera aproximación al análisis proyectual, para que puedan desarrollar sus proyectos con la complejidad que la operación requiere y, al tiempo, verificar la congruencia de cada paso.

SÍNTESIS FRENTE A *COLLAGE*

El proyecto es síntesis, no *collage.*

Considerarlo, según sus elementos compositivos, como sumatorio de células coexistentes, tiene un carácter puramente metódico: el proyecto, aunque analizable por partes, es un organismo integrado de carácter indivisible.

De la consideración sintética del proyecto, ya mencionada anteriormente, y a la que, ineludiblemente recurriremos posteriormente, depende, a mi juicio, un enfoque correcto de la docencia.

Es tópica la propensión de los alumnos de arquitectura hacia una memoria figurativa, almacenadora de formas apresuradamente bebidas en atractivas publicaciones. Si no fueran capaces de argumentar esquemas conceptuales en el desarrollo del diseño, el resultado sería, simplemente, una yuxtaposición de formas desarticuladas sin credibilidad alguna, puesto que no existe legitimación interna de esa arquitectura fuera de la pregnancia visual de las imágenes, caprichosamente seleccionadas.

Por ello, si se quiere evitar una inconexa fragmentación, conviene insistir en la pertinencia de los procesos sintéticos frente a la técnica del *collage*. Hablo, por supuesto, desde planteamientos docentes. Bien sé de las posibilidades del *collage* como método de representación de una cultura "*dèbole*", pero no creo que el planteamiento de Vattimo sea especialmente idóneo para situaciones de iniciación en el proyecto, sino, en todo caso, de conclusión.

A la búsqueda de la cohesión y unidad interna del proyecto, éste debe ser explicado no como ensamblaje de partes añadidas, sino como operación de características sintéticas. Incluso, desde el convencimiento íntimo de que nuestro acercamiento a la realidad es necesariamente aproximativo, incluso desde la seguridad de que nuestra reflexión es limitada y fragmentaria, se impone enfatizar la restauración de la continuidad que ofrece el acto creador personal.

Sé que estas afirmaciones chocarán en un ámbito cultural proclive a la cita descontextualizadora. La nuestra es (soy plenamente consciente) una cultura fraccionada, que refleja ajustadamente el mundo contemporáneo: un mundo descoyuntado, heterogéneo, roto y descompuesto.

No solo en sentido figurado, sino real, la arquitectura parece interesarse hoy por las formas quebradas, fracturadas, o bien por las fluidas y líquidas, de bordes imprecisos u ondulantes. Por las superficies, más que por los contenidos o los programas; por las texturas, los reflejos, las transparencias, lo epitelial en definitiva...

Pero incluso si aceptáramos acríticamente la existencia de este *Zeitgeist* como expresión única del pensamiento contemporáneo, cabe la posibilidad de estudiar algo más que lo puramente periférico o alternativo. Admitamos, aunque sea en términos cartesianos de duda metódica, que puede ser fértil todavía la recurrencia al estudio de categorías –fuertes o débiles, qué importa– que hicieron grandes a los maestros. Y que además de sesudos estudios y tesis doctorales sobre Corín Tellado o la "catedral de Mejorada", epítomes del reciclaje *"grunge"*, la universidad puede y debe prestar atención a lo nuclear.

Diagnosticar el estado cultural no implica su aceptación acrítica. Más aún, *"rebus sic stantibus"* la insistencia en la lógica interna del proyecto y en su carácter unitario y sintético me parece –y hablo desde un meditado convencimiento– una postura responsable en términos didácticos. Hoy, muy especialmente. Así, los proyectos de nuestros alumnos buscarán al tiempo la coherencia y la profundidad. Serán razonados y construirán belleza, pero aportando significado.

LA ARQUITECTURA COMO FUENTE DE REFLEXIÓN. PROYECTO Y MEMORIA

Algunos historiadores, según Chesterton, tienen el milagroso poder de convertir el vino en agua. Los arquitectos, por su parte, experimentamos cotidianamente el prodigio de la transformación en poemas del hormigón y el ladrillo. Pensar y hacer van de la mano, siempre dentro de los límites de una disciplina milenaria que ha sabido reflexionar sobre sí misma con una mirada específica. Que ha sabido extraer de esa reflexión criterios y estrategias de proyectación. Y que sabe, por lo tanto, que para estudiar un tema nada como ir a las fuentes. Eso es ser original: ir al origen.

Cuando la historia ha sido no solamente estudiada y comprendida sino metabolizada, el arquitecto la incorpora a su memoria. En este sentido puede entenderse la afirmación de Javier Carvajal: *"el arquitecto proyecta desde la memoria"*. A diferencia del historiador, interesado finalmente en el conocimiento y la interpretación de los hechos, el arquitecto toma ocasión de ese conocimiento y esa interpretación para ofrecer proposiciones alternativas. Conoce para crear.

La arquitectura, su historia, sus obras, su teoría y sus protagonistas son objeto prioritario del análisis disciplinar. Pero, desde una perspectiva en la que el estudio del pasado deja de ser pasatiempo de erudito desocupado o mera reflexión historiográfica, y se convierte en análisis de los mecanismos propios y del particular lenguaje del proyecto.

"La arquitectura", dirá Grassi, *"son las arquitecturas, pues no existe una teoría de la arquitectura que no sea, a la vez una experiencia de arquitectura"*. El proyecto se enmarca en una concepción de continuidad histórica, que respeta el legado del pasado, del que extrae fértiles experiencias.

Desde estos supuestos la historia se presenta, según la acertada apreciación de Quaroni, *"como un curioso instrumento cuyo conocimiento es indispensable, pero que una vez conocido no es directamente utilizable"*.

Descreo de una enseñanza del proyecto que no recurra sistemáticamente a la historia. La tentación adánica de empezar de cero es sencillamente una actitud bárbara. La historia nos enseña casi todo, con sus constantes polémicas, todas ellas fértiles.

Por ejemplo, la que afecta a la dialéctica tradición-modernidad tiene antecedente en la sostenida entre goticistas y clasicistas, perfectamente estudiada por Patetta. La siempre problemática alianza entre arquitectura y política se rastrea fácilmente en la aventura racionalista italiana, pero también en los debates de Piacentini contra Gardella, o en escenarios opuestos como la Rusia de Fomin contra Melnikov o la Alemania de Speer contra la Weissenhof-Siedlung.

Pero las cosas no solo son; también significan. La historia nos enseña el valor semántico de la arquitectura, su posibilidad de comunicar según un lenguaje codificado. La consideración de las arquitecturas parlantes es solamente el primer paso para familiarizar al alumno con conceptos como símbolo o signo, generalmente mal entendidos y por ello mal usados. Es importante insistir en el valor consensuado –y por ello generalizable– del significado, para evitar la tentación voluntarista de aplicarlo según criterios puramente subjetivos: el atroz: "Esto, para mí, significa..."

De la mano del significado se plantea la cuestión del ornamento y la posibilidad de que, desterrado éste, pueda heredar su papel comunicador algún otro componente del hecho arquitectónico. Desde la abolición de los "inútiles artistas plásticos" predicada por Loos, hasta su reivindicación por Venturi, precisamente sobre la base de una racionalidad constructiva, se ofrece a los alumnos material de reflexión y estudio. En mis cursos de doctorado planteo dos clases consecutivas: "Loos; el Café Nihilismus en la Kakania de Musil" y "Venturi; *Architecture is shelter with decoration in*". He comprobado la eficacia de ofrecer a los alumnos aproximaciones contrapuestas para suscitar amplitud de horizontes y una visión abierta de la realidad. Y, desde luego, el valor de la teoría que cimenta primero el pensamiento y luego la acción.

Racionalidad constructiva, decía a propósito del Venturi que condensa en el ornamento la intensidad declamatoria. Pero la consideración de la arquitectura como el arte de construir no puede prescindir de las referencias a Pugin, Semper o Viollet-le-Duc. Familiarizar al alumno con estos autores no es incitación estéril a la erudición, sino una forma de facilitar su comprensión de las razones del debate.

De la misma forma, y siempre en términos didácticos, Perret puede confrontarse con el ideal gótico, como Mies con la razón griega o Kahn con la monumentalidad romana. Las consideraciones de la *sachlichkeit* son tan enriquecedoras como las de los defensores de la *High-tech* y no tan opuestas como pueden parecer a primera vista.

Pero la historia de la arquitectura no es más que una parte de la Historia. Abordarlas conjuntamente es de una eficacia inapelable. Podríamos intentar explicar la evolución del Le Corbusier de la *maison* Domino al de Ronchamp en términos puramente disciplinares. Más fácil será engastarla en su momento histórico. Porque lo cierto es que después de Dachau y Treblinka nada podrá ser igual. El momento del teórico triunfo de la razón destapa insospechados abismos de abyección humana. ¿Cómo no poner en duda todo? La modernidad entra en crisis antes de triunfar del todo. Zevi ensanchará su geografía hasta el territorio orgánico. Venturi publica *Complejidad y contradicción*. Rossi, *La Arquitectura de la ciudad*. Krier osa decir a Eisenman: *"My ideology is better tan yours"*. Tshumi

cristaliza en seis conceptos un mundo deconstruido para una sociedad desco-
yuntada. Frente al pretendido fin de la historia de Francis Fukuyama, la presencia
siempre constante de una crisis interminable, creativa y enriquecedora.

Es decir, la historia siempre. De nuevo el Eliot de los Cuatro Cuartetos:

*"Lo que pudo haber sido y lo que ha sido
Miran a un solo fin siempre presente."*

Ayer, hoy, mañana, a, *"all time is eternally present"*.

LUZ Y GRAVEDAD. TEMAS CENTRALES

Parece inconcebible una consideración sobre el proyecto que no delinee,
siquiera sea abocetadamente, algunos trazos de reflexión sobre ciertos temas
recurrentes en la arquitectura no tratados hasta el momento. Aunque al hablar
de las condiciones del proyecto se han listado, en clasificación convencional
destinada al establecimiento de relaciones, factores analíticos de naturaleza
suficientemente amplia como para abarcar la generalidad del hecho proyectual,
se impone una referencia a dos realidades imperiosas, nucleares, para la arquitectura y su comprensión: luz y gravedad.

Se ha dicho que la arquitectura, de noche, muere. Es una bella descripción del
valor generativo de la luz. Considerar cuánto, un único rayo filtrado por una
rendija, un haz tamizado por celosía, una luz encauzada en lucernario, un reflejo
brillando en un muro son realidades específicamente arquitectónicas, capaces
de cualificar por sí solas un espacio, es tarea ineludible en cualquier consideración proyectual. Y con ella la del cambio constante de las cualidades lumínicas
con el paso del tiempo –horas, días, estaciones...– o su capacidad de hacer flotar
en ingrávido equilibrio la más pesante cubierta, como en Ronchamp o
Salamanca, o los instrumentos para matizarla, dirigirla, controlarla... diseñarla
en suma.

Hablar de la luz, es hablar de casi todo: de la función y la forma de los *brise-
soleils* corbusieranos o los mecanismos –¿quién puede llamarlos ventanas?– de
Kahn, de la iluminación eficaz en una escuela o el sugerente claroscuro de un
ámbito sacro; de transparencias, opacidades o brillos, de ángulos de incidencia y
reflexión; de la desmaterialización de lo construido o la materialización de la
ausencia –¡ese vacío protagonista del Mausoleo Adriano!–; del color y de su
falta, de sombras, de contraluces, de luz artificial...

Y hablar de gravedad es enfocar otro aspecto medular del proyecto arquitectónico. Es repasar la historia, admirándonos ante la icárica contienda humana por la liberación del peso, ante los estructurados y complejos andamiajes góticos o las imponentes, aplomadas fábricas iluministas; es ponderar el muro, el arco, la cúpula, la bóveda, el dintel o la estérea; es cavilar ante el giro que la modernidad ocasiona en el plano pesante, que de muro vertical pasa a forjado horizontal; o retomar el discurso de Semper, glosado en nuestros días por Frampton, sobre la naturaleza de lo tectónico como opuesto a lo estereotómico.

Por mi parte, seguiré admirando, con fascinación indisimulada, la creativa pero disciplinada actuación de Stern en el Coliseo romano, enriquecido para siempre por su desprejuiciada voluntad de superar las convenciones de la restauración. Frente a la actuación canónica de tan eficaz, como fría y previsible, Stern convierte la gravedad en argumento y el programa en idea. Así, su consolidación del anfiteatro Flavio finge el congelamiento del momento del colapso, en una hermosísima metáfora del poder de la arquitectura para vencer el tiempo. Nunca como entonces pudo afirmarse que *"Roma quanta fuit, ipsa ruina docet"*.

Luz y gravedad son, en definitiva, temas recurrentes en el análisis y la crítica del proyecto. Constituyen motivo de reflexión ineludible para el arquitecto y son, en términos docentes, aliados poderosos de la estrategia didáctica. El misterio de la creatividad será inefable, pero sus preámbulos no. Luz y gravedad constituyen el límite de lo objetivo, tal es su carga emotiva, su nivel de sugerencia. *"La humanidad no puede soportar demasiada realidad"*, revela T. S. Eliot. La vulgaridad oscura y pesante de una ordinaria realidad puede mudarse en luminosa y leve en manos del creador.

MÉTODO O MÉTODOS

En tiempos de confusión terminológica no está de más intentar un uso apropiado de los términos que ayude a la clarificación del discurso. Método es uno de esas voces polisémicas cuya utilización parece obligada en cualquier reflexión que aspire a participar de la respetabilidad de lo científico. Lamentablemente, la recurrencia a la fuente semántica (*Diccionario de la Real Academia*) en este caso confunde más que aclara: en su tercera acepción se define como "procedimiento que se sigue en las ciencias para hallar la verdad y enseñarla". Con lo que se plantea el problema metafísico de la previa existencia de una verdad, y ésta cognoscible, *"cuestio disputata"* entre los filósofos occidentales al menos desde los gnósticos. Se comprenderá que en este punto abandonemos tan escurridizo campo, no sin un recuerdo al irónico diálogo de Babieca y Rocinante: *"Metafísico estáis". "Es que no como..."*

Aceptemos provisionalmente una definición más simple: método es la ordenación de una actividad hacia un fin. En este sentido, la finalidad caracteriza la organización metodológica, la dota de sentido y confiere especificidad. Realizar algo con orden, sin perder de vista el objetivo buscado, y empleando los medios adecuados, es una definición excesivamente larga para cristalizar en el diccionario pero tiene la ventaja de su claridad. Y, de paso, evita la enojosa –para algunos– cuestión de la "enseñanza de la verdad".

Quizá, tiempos como los nuestros, sean especialmente aptos para comprender cuánto la labor docente consiste más en suscitar preguntas que en proponer respuestas; en desarrollar la capacidad crítica estableciendo parámetros objetivos de referencia antes que en proponer infalibles sistemas de resolución de problemas; una acción catalizadora, en definitiva, que sabe sugerir caminos de aventura personalmente recorridos, según una búsqueda esforzada, estableciendo metas pero sin alimentar el espejismo de una verdad unívoca.

No deben entenderse las consideraciones precedentes como una sacralización de lo relativo. Una cultura fragmentada y compleja, sin añoranza de certidumbres unitarias, de visiones fundamentalistas, puede buscar también la eficacia por el orden. Siempre, claro, desde la aceptación previa de la transmisibilidad de la arquitectura.

En este punto, la actividad previa del docente como arquitecto se revela especialmente indicada para seleccionar sus claves metodológicas. El arquitecto proyecta en un ejercicio de gradación desde lo general a lo particular, y viceversa, en una concepción unitaria que no deja de ser síntesis de particularidades. La asignatura de Proyectos puede plantearse análogamente como el aprendizaje del conjunto de relaciones que caracterizan el origen y determinan el conjunto del objeto arquitectónico. Así, el método docente se articula como una aproximación progresiva, en extensión y profundidad, de ida y vuelta.

Una pedagogía basada en la transmisión de experiencias para nada supone desprecio de la especulación teórica. Antes bien, se instala en la defensa de una actitud que sepa aunar reflexión intelectual y realidad práctica. Posición que abomina al tiempo de pragmatismos desencantados y de solipsismos autocomplacientes desenraizados de cualquier realidad operativa.

Esta actitud de base dual configura la metodología como integración constante de conocimientos desde la experiencia práctica, con distintos niveles de aproximación o profundidad, y desde la conciencia simultánea de que toda obra de arquitectura lleva impresa su propia teorización del ejercicio de proyecto; se establece, así, un doble diálogo sobre la naturaleza de la arquitectura que hace referencia a su interpretación teórica, en sentido estricto, y a su interpretación específica respecto de un cierto entorno de la realidad, como teoría aplicada.

Así, la enseñanza del proyecto no es simplemente un marco de transmisión de experiencias, sino foro de argumentación de una teoría integrada de conocimientos directamente relacionada con la praxis, que facilita referencias al alumno y posibilita su propia experiencia proyectual.

La enseñanza se entiende como proceso de desvelamiento de una realidad compleja en la que el docente, mediante una experiencia personal objetivada, se convierte en catalizador de una doble respuesta del alumno respecto del pensar y el hacer arquitectura: facilitando la "reflexión" del estudiante acerca de los problemas proyectuales como medio para potenciar su capacidad de "decisión".

Se observa, en todo lo anteriormente descrito, una clara renuncia a formular no ya un método de validez universal, sino siquiera normas de general aplicación, más adecuadas a comprensiones totalizadoras basadas en supuestos preconcebidos. Pero esta actitud docente, que renuncia al marco rígido de "lo que se debe hacer", permite en cambio una flexibilidad estratégica respecto de los aspectos procedimentales.

PERFIL DEL DOCENTE

Se impone, tras las reflexiones anteriores, considerar cual debe ser la actitud del docente si quiere cumplir tales objetivos. Un viejo adagio académico asegura que el mejor método es un buen maestro; la afirmación es sostenible, siempre que no conlleve desprecio a una pedagogía del proyecto estructurada sistemáticamente, confiada solo en taumatúrgicas actuaciones de inspiración genial. Pero el maestro, –y utilizo el hermoso término castellano en su acepción tradicional, despojado de cualquier connotación jerárquica– sabe introducir en los abstractos esquemas generales un parámetro personal; y, lo que es más importante, sabe transmitir entusiasmo.

Comprendo que entramos en campos minados de sentimentalismo, pero considero imprescindible la referencia autobiográfica. Me siento afortunado heredero de una etapa especialmente singular en la Escuela de Arquitectura de Madrid. He tenido maestros. He admirado en ellos, ante todo, su capacidad de generar entusiasmo. Hablamos de Oíza: "Al cabo de 8 meses de clase, apenas sí sabíamos nada; quizá solo una cosa: que ya no podríamos nunca abandonar la arquitectura".

Por carácter, y sobre todo por el ejemplo recibido de los que admiro como docentes, considero la comunicación del entusiasmo un valor a considerar. Hay un enorme campo susceptible de estudio reflexivo; pero la transmisión de la lógica interna del proyecto, el análisis de fines, la oferta de instrumentos, la información sobre precedentes aportados por la historia y, en general, cualquier tipo de preparación disciplinar en nada se opone a un talante, por parte del docente, que sepa despertar una actitud ilusionada ante el momento de la dificultad: la soledad de la opción creadora.

Se podrá argumentar el peligro que subyace en actitudes de este tipo, en cuanto fomentan la transposición del maestro en Maestro; es decir, la mitificación personal, el esclavismo del seguimiento ciego e incondicional, la adhesión inquebrantable, acrítica. Todo ello es cierto y debe tenerse en cuenta. El profesor solo es modelo para el alumno, en cuanto que con su talante crítico y su experiencia personal ofrece la posibilidad de verificar, en el plano de lo real y construido, aquellos planteamientos teóricos expresados en el ámbito docente.

Ningún aspecto parcial agota el campo crítico de la obra arquitectónica. Los factores sociales, ideológicos, técnicos o estéticos; los mecanismos instrumentales; la consideración de la topología del lugar, el depósito de la historia, la idiosincrasia del grupo a que se dirige, las posibilidades económicas... todo exige una integración sintética en el proyecto y permite su explicación y crítica. Pero siendo imprescindible facilitar todo este bagaje, digamos objetivo, no puede perderse de vista el fin al que se dirige: facilitar en el alumno la génesis de una idea que deviene, alimentada por la crítica operativa, proyecto arquitectónico. Esto es, síntesis coherente, poética y personal, que sabe plasmar todo un mundo complejo de ideas y datos en formas sensibles y sugerentes al servicio de una función predeterminada.

O, si se quiere, llegar a transmitir la convicción de que la Arquitectura, con mayúscula, además de resolución de problemas ciertos, es sobretodo *weltanschauung*, concepción del mundo y la cultura, intencionalidad crítica, creación teleológica.

Con las consideraciones precedentes tan solo pretendo subrayar que la enseñanza del proyecto no debe encasillarse en una explicación de lo teórico o instrumental, en una argumentación de lo objetivo puramente racional. Siendo ésta la base de la enseñanza y de la crítica de los ejercicios, no pueden desdeñarse los mecanismos sicológicos que ayudan al alumno a enfrentarse con la creatividad. Kahn, Wright, Oíza... grandes maestros que han sabido apelar a la emoción de sus alumnos, enfrentándolos al papel en blanco ilusionadamente. Hace años, en estas mismas aulas, Carvajal nos hablaba a los alumnos. Imposible olvidar su actitud, aunque no pueda precisar sus palabras. Sé que, tras las críticas públicas de los ejercicios presentados, realizadas con su apasionada vehemencia, corríamos al tablero. Nos enseñaba a proyectar. Recuerdo: *"Se nos ha dicho que proyectemos hacia el sur, que abramos la casa a la higiene, la luz, el soleamiento. Un día, florece un cerezo al norte. Alguien abre una ventana para contemplarlo... empieza la proyectación"*.

ELOGIO DE LA CRISIS

Conferencia pronunciada en el CEU de Madrid en la ceremonia de graduación de la promoción 2011 de la Escuela de Arquitectura.

Queridos amigos, y ya colegas, que habéis querido nombrarme padrino de vuestra promoción.

Me dirijo a vosotros, y no, como mandan las buenas maneras a las autoridades que brillan en la mesa presidencial, porque hoy, aquí, vosotros sois los protagonistas de este acto académico.

Pensando solamente en vosotros he pergeñado estas ideas, las últimas que os dirijo como profesor. A estas dignísimas autoridades y a vuestros padres aquí presentes, poco puedo aportarles. Pero, quizás, puedan ser útiles para alguno de vosotros.

Con esta esperanza, y con el deseo de animaros en estos tiempos difíciles, quiero hablar bien de los tiempos difíciles.

He elegido un título polémico. Lo reconozco. En realidad, por eso lo he hecho. Porque pienso ser polémico y exagerado.

Polémico, porque estoy convencido de que la polémica es siempre fecunda mientras estimule el pensamiento.

Y exagerado porque, estando de acuerdo en la importancia de los matices en circunstancias normales, creo que vivimos en una sociedad que no reacciona más que ante estímulos fuertes. Y eso, en el caso de que reaccione.

Pues bien. Hoy, aquí, quiero hacer un elogio de la crisis en cuanto factor estimulante de la creatividad Porque la creatividad es una de esas cosas que nuestra sociedad "sesteante" había olvidado, en su sopor aletargado. La conciencia de la crisis y su realidad contundente puede ser una ocasión privilegiada para excitar la emulación, la superación autocrítica, la tensión creadora.

Nuestra época, narcotizada por décadas de bienestar y sobreprotección, ha olvidado entre otras muchas cosas, el valor del esfuerzo. Y ahora despierta, sorprendida, como un niño gordo y mimado al que hay que poner a dieta y se enfurruña al ver que le quitan el *chupachup y los donuts...*

Bien. He dicho que voy a ser polémico y exagerado, pero pienso daros razones. Porque al niño gordo, caprichoso y maleducado no hay posibilidad de darle razones, de ponerle a pensar. Y no digamos si ya está sufriendo los efectos de la LOGSE (Ley orgánica de ordenación general del Sistema Educativo de España) o de la LOE (Ley Orgánica de Educación). Reconozcamos que la actual enseñanza básica parece haber sido diseñada para que se cumpla a la letra aquella advertencia de Bernard Shaw: *"Jovencitos, no os asuste la perfección. Jamás la alcanzaréis"*.

Pero nosotros estamos en la Universidad y estamos convencidos, espero, de que la Universidad es y debe seguir siendo el ámbito de la racionalidad y de la lógica.

El ámbito del pensamiento crítico, que no se conforma con lugares comunes ni tópicos inanes, con tanta estulticia disfrazada de pensamiento único.

El ámbito de la reacción ante la dictadura de lo políticamente correcto, que no es sino pura dejación de la crítica intelectual, puro conformismo "buenista"; pura voluptuosidad descerebrada, puro voluntarismo analfabeto.

Alguien tiene que pensar. Vamos a intentarlo nosotros.

Decía que la crisis ha introducido en nuestra sociedad, aletargada por el empacho de un bienestar no digerido, realidades que había olvidado como definitivamente superadas, ajenas: realidades como tensión, conflictividad, esfuerzo, lucha, dificultad, empeño, desafío...

Pues bien; la primera reflexión que quiero proponeros puede parecer provocadora, pero creo firmemente que es cierta: la crisis es positiva; más aún, precisamente por ser el ámbito de la tensión y la conflictividad, la crisis puede ser el ámbito privilegiado de la creatividad.

Tó próblema estí pater pantón, decían los griegos, en griego, naturalmente: los obstáculos, las dificultades, los problemas son el padre de todo, el origen de todo. La creatividad y el desarrollo de la cultura exigen la tensión, la *agon*, la lucha, que solamente un ambiente crítico ofrece. (Por cierto, que este mismo aforismo, *tó próblema estí pater pantón*, indica claramente que la misión del intelectual, crítico con todas las situaciones dadas, siempre mejorables, no consiste en resolver problemas, sino en inventarlos. Pero esto *è un altro discorso*, como dirían los italianos, es otro tema; volvamos al nuestro).

No sé si recordaréis esa magnífica película ya clásica, *El tercer hombre*. Hay en ella un famosísimo diálogo, mil veces citado, entre un cínico Orson Welles y un idealista Joseph Cotten.

Welles dice más o menos: "Ciertamente, la Italia de los Borgia, los Visconti y los della Rovere es una sucesión sangrienta de guerras, terror, asesinatos, venganzas y traiciones; pero ha dado al mundo a Miguel Ángel, Leonardo, Rafael, Tiziano, el mejor Renacimiento, un Barroco excepcional... Suiza, en cambio, ha disfrutado de una ejemplar historia de cinco siglos de bucólica paz ininterrumpida; su aportación a la cultura es el reloj de cuco".

Felizmente, (insisto, felizmente) se han acabado los tiempos de arcádica paz sobreprotegida, los tiempos en que todo se conseguía con solo desearlo. En nuestra vida, apacible y despreocupada como la de aquella Roma del Imperio, que, aunque ya cercada por los bárbaros, seguía refocilándose indolentemente en termas y teatros, ha irrumpido el nuevo Odoacro al frente de sus hérulos, convirtiendo los *spas y afterhours* en campos de batalla.

De nosotros, de vosotros y de mí, depende que este nuevo mundo, que esta nueva civilización que ahora empieza, genere un nuevo Renacimiento, con sus Leonardos, Rafaeles y Miguel Ángeles, o quede para siempre etiquetada como un fracaso colectivo, una época identificada solamente por las resacas de botellón y las cháchara en Facebook y Twitter.

No tengáis nostalgia de un tiempo caduco. No queráis salvar los muebles inservibles de una civilización decadente. Recuerdo ahora la frase de Apollinaire: "*Perdre, mais perdre vraiment,* (Perder, y a fondo). *Pour faire place a la trouvaille,* (Pero para dejar lugar a los descubrimientos)".

El peor efecto de la crisis sería la inacción, la apatía, el resignado conformismo ante lo que se viene encima, como si fuera inevitable.

Por ello, mi segunda reflexión es de esperanza. Hay futuro. Y lo vamos a hacer nosotros.

Porque lo que nuestra civilización es hoy, no lo es necesariamente, y sin duda no tiene por qué serlo mañana.

Esta cultura no es la única posible; más aún, su realidad presente, ciertamente dramática, es una razón adicional para dinamitar un sistema de pensamiento que ha conducido al hombre hasta las más abyectas formas de esclavitud.

Nuestra cultura ha sido destruida por un terrible cáncer: el individualismo relativista, que ha arrasado los genuinos valores humanos, al mismo tiempo que la sociedad que se fundaba en ellos.

Este atroz enemigo tiene, como Jano, doble cara: por un lado se presenta como un individualismo economicista, interesado exclusivamente en una rentabilidad medible solo en términos económicos; por otro, como individualismo solipsista, el *"yo soy el árbitro del universo, y hago lo que me apetece"*.

Fijaos. Es el hombre entero el reducido a cosa por la idea del lucro fácil y el placer inmediato como razón única.

Hace un siglo que Chesterton vislumbró el fin de *"una civilización movida exclusivamente por energías materialistas y egoístas"*.

Porque los hombres y mujeres seremos capaces de estructurar una organización social útil, armónica... a condición de que estemos dispuestos a renunciar a esas *"energías egoístas y materialistas"*, a reconocernos *personas* antes que *individuos*.

La diferencia es básica; el individualismo, la atomización individualista –anarquía más egoísmo, siempre según Chesterton– implica, la negación de los valores humanos colectivos, y como consecuencia el olvido de las obligaciones que esos valores entrañan. Pura irresponsabilidad, en definitiva.

"Lo individual –dirá Merton, otro autor que os recomiendo vivamente, como Chesterton– *no es, de hecho, sino negación. Es no otro. Es no todos, ni siquiera otros individuos. Es una unidad separada de otras unidades"*.

La persona, en cambio, resuena en los demás; basa su razón de ser en el encuentro con otras personas, con las que establece una cooperación libre y voluntaria. Si, además, es inteligente, puede dar lugar a una estructura de vida social justa, bella y, por lo tanto, genuinamente humana.

Ahora bien, el individualismo es hoy el último refugio del ciudadano, ansioso de renunciar a su dimensión comunitaria.

Considerad, si no, el sorprendente espectáculo de cada fin de semana: caravanas interminables de automóviles colapsan las salidas de las ciudades; la huída de la metrópoli parece compensar el suplicio de horas de atasco.

Y ¿a dónde se dirigen? A "urbanizaciones" –¡qué sarcasmo! prostituir la palabra urbano para designar esas aglomeraciones de chalecitos, aislados como ostras, que corrompen como lepra los alrededores de las ciudades!– urbanizaciones periféricas donde la incomunicación es absoluta; y todo a la búsqueda del ensimismamiento, el aislamiento como imposible reparador de las neurosis de un **zoon poiticon**, un ser urbano que se niega a serlo.

Sé que estas afirmaciones son polémicas y deberían matizarse. Pero es preciso pensar fuerte si se quiere criticar el pensamiento débil. Y más ahora, cuando ya ni se argumenta ni se discute con ideas. Ahora todo es sentimiento, sensaciones, pura voluptuosidad.

Pues no. Creo que hay que pensar fuerte. Con espíritu abierto, eso sí. Pero afirmo, con Chesterton, que el objeto de tener el espíritu abierto es como el de tener la boca abierta: volver a cerrarse sobre algo sólido.

¿Y qué hay sólido hoy?

¿Lo es acaso esa dictadura intelectual dominante que en Europa se denomina *pensamiento único* y en los Estados Unidos *políticamente correcto*? Intentad ser críticos con esa neocultura estúpidamente correcta y os veréis acusados de intolerantes. Defended que pertenece al género de la estulticia, dar por supuesto que todas las opiniones son igualmente válidas, como si la realidad no existiera y la pretensión de verdad ocultara un ramalazo dictatorial y seréis excluidos del club de la *intelligentsia* "progre".

Mejor. Porque el verdadero intelectual es siempre un *outsider.*

Evidentemente, os estoy invitando a una rebelión. Pacífica, pero revolucionaria.

Rechazad una sociedad fundada en el egoísmo individualista. En la competencia salvaje. En la indiferencia hacia los demás.

Pensad por vuestra cuenta. Negaos a aceptar sumisamente lo políticamente correcto. Sed críticos, como buenos universitarios. Críticos, pero nunca cínicos. El cínico es un amargado y nunca aprende, porque no hay aprendizaje sin alegría.

No hagáis caso a los agoreros que os pronostican un futuro de funcionarios del poder, de siervos de empresas constructoras, de esclavos del sistema. Pobres. No tienen ni idea. Un arquitecto solo necesita ideas, lápiz y ganas de ser feliz y hacer felices a los demás.

Despreciad esos ídolos obsoletos, becerros de oro ya herrumbrosos de puro viejos, como: triunfo, éxito, dinero, poder, influencias... drogas duras que atontan y envilecen.

Por supuesto que a partir de ahora tendréis que aprender a negociar con la banalidad, pero hacedlo siempre con un optimismo crítico y una actitud generosa y amable, incluso ante los propios errores, y desde luego ante los de los demás.

Y, sobre todo, jamás olvidéis que nuestra lucha, como intelectuales, es siempre contra lo que alguien definió como la tríada maligna: IGNORANCIA, MIEDO, ODIO.

IGNORANCIA. MIEDO. ODIO. Los grandes enemigos del progreso humano y de la civilización. Los responsables, por un lado, de la inacción conservadora y del horror al cambio, y por otro de la revolución sin rostro humano, del cambio sin piedad, de la revolución que desprecia al diferente.

Fijaos. Somos afortunados. Formamos parte de una de las dos únicas instituciones que se atreven a plantar cara a la dictadura del pensamiento único. Hoy, el Estado pretende tener la exclusiva de la legitimidad para decidir qué es verdadero y qué es bueno, sobre la base de votaciones o consensos. Solo la Universidad y la Iglesia osan discutir esa pretensión estúpida. Pero, claro, al Estado le interesan ciudadanos no críticos, sumisos, aletargados mediante una indoctrinación, que lobotomiza sus mentes y anula sus voluntades.

Aunque, reconozcámoslo, también en los pasillos universitarios acecha agazapado el conformismo burgués. Recuerdo ahora un *grafitti* en la fachada de cierta Facultad de Medicina: *"La sabiduría me persigue, pero yo soy más rápido"*.

Ahora se entiende que algún reciente licenciado en medicina sea incapaz de diagnosticar hasta una decapitación.

Bien, hay otra regla de la retórica que exige a cualquiera que ose hablar en público cumplir tres condiciones: tener algo que decir; decirlo rápidamente y largarse cuanto antes.

No sé si he cumplido las dos primeras. Debo afrontar la tercera, para vuestro descanso, no sin antes glosar rápidamente una última idea.

Estaréis de acuerdo, espero, en que nunca la humanidad ha dispuesto de más tiempo libre. Y de que nunca ha disfrutado menos de él.

En nuestra civilización del ocio (aunque sería mejor llamarla del bostezo o la modorra) el tiempo libre es entendido, generalmente, en términos de ***dolce far niente***, de reposo ataráxico, de antitensión.

El descanso de las masas tiene como máximo objetivo la no actividad, el confort de encefalograma plano, el letargo abotargado.

Las multitudes en chándal que atiborran las carreteras los viernes, pasan el fin de semana derramadas en confortables sillones, ocupados en la nada perfecta: la babeante contemplación de *Sálvame de Luxe* o de *Gran Hermano*.

Fijaos, es el tipo perfecto de la nada perfecta; la nada total, absoluta, redonda, circular: gente que no hace nada observada por gente que no hace nada. Todos igualmente lobotomizados y sesteantes.

Y, sin irnos tan lejos, pensad en qué invierten su tiempo libre vuestros amigos y amigas de Universidad.

Pensad solo en las horas perdidas con Facebook o Twitter, en las chácharas estúpidas de los *blogs*, en los *chats* inanes, puro rebuzno de analfabetos.

Pensad en el tiempo dedicado a las consolas y *playstations*, en las horas desperdiciadas con el ordenador, convertido en pantalla de películas bajadas de la red. O herramienta de juegos estúpidos, eliminando marcianitos y monstruos irreales o evadiéndose en realidades virtuales.

Pensad en cuantos de vuestros amigos, sin hablar francés ni alemán, sin distinguir Beethoven de Bisbal, pasan más tiempo en discotecas que en bibliotecas.

Cuántos, en toda su carrera universitaria no han pisado jamás un museo, un teatro, una sala de conciertos.

Perdonadme. Sé que pueden ser molestas estas consideraciones. Pero debo ser crítico por universitario. Porque el ocio, hoy, se entiende como narcótico relajante, como evasión frente al vacío o la angustia de una vida sin sentido, como pura pérdida de tiempo,

Cuando precisamente la búsqueda del ocio en términos clásicos, el *otium* virgiliano es, o debe ser, para cualquier persona culta ocasión para un cambio de actividad, pero siempre creadora.

"Altius ibi otium", (*"Gozo allí del más alto ocio"*) dirá Plinio, refiriéndose a la estancia en su villa campestre que le permite redactar el *Panegírico de Trajano*. *"Gozo allí del más alto ocio"*. El que hace posible la creatividad.

"Deus nobis haec otia fecit" escribirá Virgilio, agradeciendo al César esos tiempos en el campo, fuera de Roma, momentos creativos, principios de actividad, donde redactará las *Geórgicas* y las *Églogas*.

Otia nostra, nuestros ocios, llamaba Cicerón a sus obras.

Quisiera reivindicar para nosotros, universitarios, ese concepto de ocio como principio activo.

Esa actitud contemplativa como condición de la creatividad, combinado con un espíritu que podríamos calificar, si me entendéis bien, de hedonista, de epicúreo, dirigido al disfrute de las cosas bellas.

A gozar con un concierto de Mozart, o una ópera de Verdi, o una buena sesión de jazz.
A disfrutar con la poesía sutil e intimista de Eliot o la irónica y cáustica de Quevedo.
A exprimir el placer de los buenos libros.
A gozar igualmente con el teatro de Shakespeare o los musicales americanos.
A saborear la maravilla de la pintura, de la escultura, de la danza.
A viajar para ampliar la mente, deleitándose con las playas, los paisajes, los monumentos; lo mismo con la Acrópolis que con los rascacielos de Chicago.
A buscar la satisfacción en un conversación inteligente, enriquecedora.

En definitiva, en el disfrute de lo bello, en la búsqueda de la perfección, de lo superior, de una excelencia inconformista, siempre creativa.

Porque, la creatividad es condición de la cultura; y la cultura salvará nuestro mundo.

La aventura del hombre es la aventura de la creatividad.

La aventura del espíritu humano, que no se resigna a lo que le ha sido dado, a lo que ha recibido en herencia, sino que quiere transformarlo a mejor.

Con dudas, sí.
Con dificultades, claro.

Pero con la decisión, con la determinación del convencido de que hay un mundo mejor, y que está en nuestras manos hacerlo.

Termino. Ahora sí.

Y lo hago con un recuerdo para uno de los más grandes poetas en lengua inglesa, Keats. Seguro que alguno de vosotros ha disfrutado alguna vez leyendo una de sus obras maestras, esa espléndida *Oda a una urna griega.*

Keats tenía más o menos vuestra edad cuando la compuso: veintitrés años. Descubre, en el Museo Británico, un sarcófago griego. Lo contempla con ojos de poeta. E inmediatamente surge la creación, la imaginación de un mundo alternativo, creado por él en base a lo que ve, en el tiempo congelado, un tiempo siempre presente.

En la urna puede verse una procesión de gente. Y el poeta se pregunta:

"¿Qué pueblo junto al ponto, o a la orilla del río,
o edificado en las montañas
ha quedado sin gente esta mañana?
Para siempre, para siempre habrá un vacío
En tus calles silenciosas
Y nadie para contar por qué está todo desolado"

Las figuras de mármol se convierten, en la imaginación del poeta, en personas reales, con casa vacía, trabajo abandonado, historia detenida.

Hay también un bosque. No pasará por él la destrucción del tiempo:

"Ah! felices ramas, que no podéis desprenderos de vuestras hojas
Ni despedir jamás la primavera"

Un joven persigue a una chica. Aunque a punto de alcanzarla, nunca lo hará, cristalizados ambos en el mármol:

"Desdichado joven, aunque cerca de la meta
jamás podrás besar a tu amada.
Mas no te preocupes. Tú siempre serás joven
Ella siempre será bella"

Y el final, impresionante:

"Nosotros pasaremos. Tú, urna, permanecerás enseñando a otros
que la belleza es la verdad, la verdad es la belleza.
Nada más sabemos. Nada más necesitamos saber"

La aventura del hombre, os decía, es la aventura de la creatividad

"Human kind cannot bear very much reality", dirá Eliot en el primero de sus Cuatro Cuartetos, (*"La humanidad no puede soportar demasiada realidad"*).

A nosotros, intelectuales, corresponde ofrecer una realidad alternativa, más soportable por más bella y verdadera, que ayude a la humanidad a reconquistar el paraíso perdido, el paraíso de la belleza y la felicidad del que el hombre fue expulsado y que no puede dejar de añorar jamás.

¡Qué hermoso programa para unos profesionales, para unos universitarios, comprometidos a ensanchar la geografía del conocimiento y de la cultura!

A ofrecer una tabla de salvación intelectual ante los que se ahogan en la crisis de su bostezante aburrimiento.

Éste es el programa, ilusionante, que os propongo.

¿Os apuntáis?

LA BIBLIOTECA DE
EL NOMBRE DE LA ROSA

Conferencia pronunciada en el Colegio de Arquitectos de Madrid el 20 de junio de 2002

Para los que vivimos inmersos en una cultura fuertemente sectorizada, donde las relaciones interdisciplinares son casi inexistentes, puede resultar llamativo que un arquitecto reflexione sobre literatura y pensamiento.

Y, sin embargo, hoy más que nunca sabemos, por amarga experiencia, cuan imposible y vano es el intento de separar dicotómicamente pensamiento y acción, cultura y arquitectura. El olvido de la interrelación entre ambos campos ha hecho proliferar estructuras banales entre aquellos que confunden emoción con capricho. No demos nombres. Pero es claro que una arquitectura no intelectual revela siempre un intelecto no arquitectónico.

Resulta bastante estúpido tener que justificar, en ámbitos intelectuales, la apuesta por el pensamiento; pero éstos son nuestros días. Por mi parte, estoy firmemente convencido de que el espíritu universitario no detiene su interés en campos acotados a especialistas titulados, sino que responde a una curiosidad incesante ante la multiforme manifestación de la cultura. El viejo proverbio de Terencio *Homo sum; nihil humanum a me alienum puto,* "hombre soy, nada de lo humano me es ajeno" es lema ajustado para cualquier intelectual.

He elegido como tema de esta conferencia una novela, *El nombre de la rosa*, sin duda uno de los éxitos editoriales de fin de siglo.

Por cierto, digamos, de paso, que me asombra que una novela tan compleja como ésta, escrita por un catedrático de semiótica *(que después de los catedráticos de administrativo deben ser la gente más aburrida del mundo),* repleta disquisiciones filosóficas y densísimas argumentaciones teológicas, llena de claves que difícilmente los muy iniciados pueden interpretar, y, por si fuera poco, escrita en buena parte en latín, pueda tener este éxito de público. Me temo que debe pertenecer al grupo de libros más vendidos y menos leídos.

Pero si la he elegido es porque a mi juicio representa, de forma ejemplar, el pensamiento contemporáneo. No es solamente una novela, es un auténtico manifiesto. Si alguien, dentro de dos siglos, quisiera comprender cual era el pensamiento dominante en el cambio de siglo, necesitaría analizar esta novela, *El nombre de la rosa.*

Bien, como todos ustedes pertenecen al selecto grupo de quienes han comprado la novela y la han leído, no les insultaré describiendo el argumento.
Recordaremos, tan solo los elementos principales que nos sirvan para lo que hoy queremos comentar.

El narrador, un monje llamado Adso de Melk, escribe sus recuerdos de cuando, siendo un joven novicio, acompañó a fray Guillermo de Baskerville, en un viaje a una abadía italiana.

Como recordarán, en los siete días que dura el relato (y la estancia de Adso y fray Guillermo en la abadía) se suceden misteriosas muertes de monjes, que son investigadas por fray Guillermo. Éste tiene fama de hombre sagaz y brillante, y recibe el encargo del abad de investigar las muertes. Para ello se le permite interrogar a los monjes y moverse libremente por la abadía, con excepción de la biblioteca, en la que solamente puede entrar el bibliotecario. La biblioteca es el edificio principal y se describe con una minuciosidad protagonista.

Hasta aquí, el resumen de los hechos. Si nos quedáramos en lo narrado (como me temo han hecho casi todos los que han leído la novela) ésta se reduciría a una novela policíaca o de suspenso.

Pero nosotros vamos a más. Terminada la narración, comienza la interpretación. No podemos olvidar que estamos ante la obra de un catedrático de semiótica, dedicado, por lo tanto, al estudio de los signos. El relato policíaco encierra una clave, pero una clave simbólica. Y como buen semiólogo, y buen profesor, Eco sabe que al principio y al final se debe incrementar la densidad declamatoria. Así pues, comenzaremos nuestro análisis por los extremos de la novela.

Primero, el título, *El nombre de la Rosa*. Curiosamente, el título no se justifica hasta la última página del relato, hasta las últimas líneas. La novela termina con unos versos medievales

Stat rosa prístina nomine
Nomina nuda tenemus.

La rosa originaria consiste en un nombre
Solo nos quedan meros nombres.

Como ven, es una explícita declaración de principios nominalista. Es Nominalismo en estado puro.

Bien, me temo que ha llegado el momento de echar mano de nuestro bachillerato bien hecho y recordar aquéllas terribles clases de filosofía, en que intentaba explicarnos el nominalismo y Occam. Felizmente, todos nosotros hemos hecho el viejo bachillerato. Hoy en día dices filosofía y la gente echa a correr despavorida.

La Biblioteca Abadia.

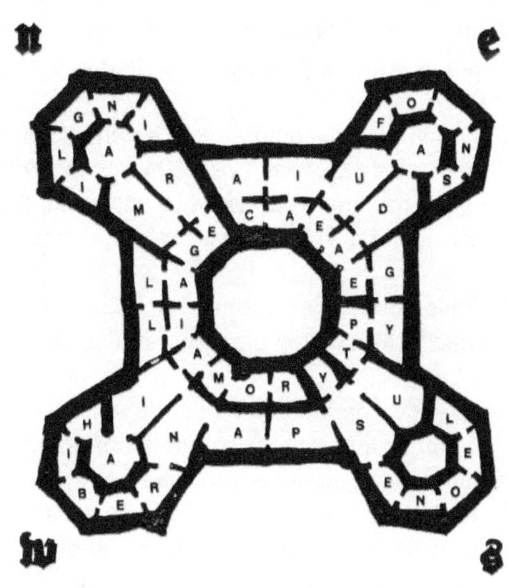

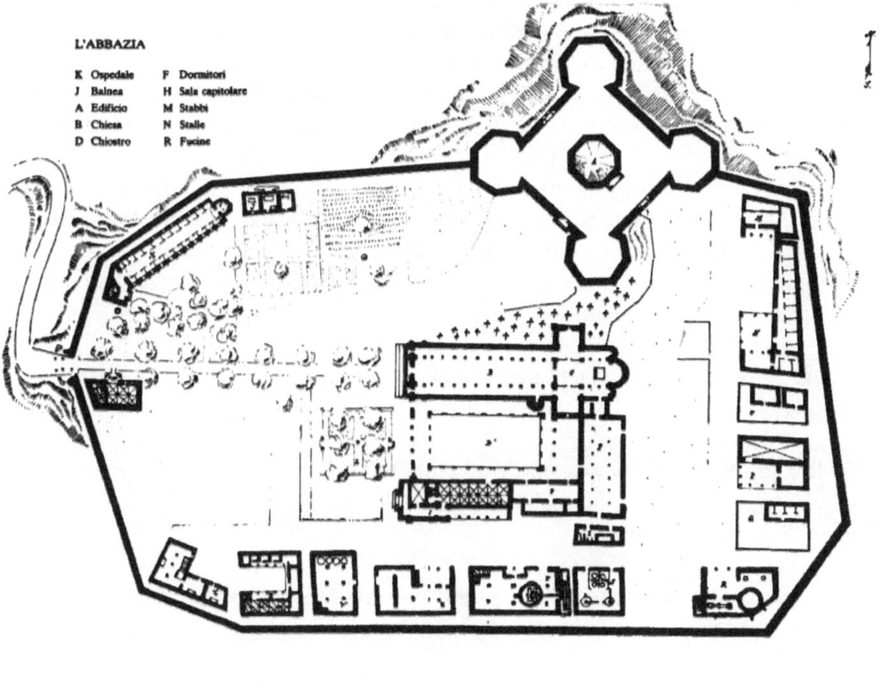

L'ABBAZIA

K	Ospedale	F	Dormitori
J	Balnea	H	Sala capitolare
A	Edificio	M	Stabbi
B	Chiesa	N	Stalle
D	Chiostro	R	Fucine

Bien, pues estos versos, de raíz nominalista, que dan nombre a la novela, constituyen la primera pieza del puzzle que pretendemos encajar.

El nominalismo, como saben, es una corriente filosófica, que se remonta a
Guillermo de Occam. Los nominalistas solo aceptan realidades individuales, y
niegan cualquier realidad a lo universal. Existe ésta rosa, pero la rosa, es un
mero nombre, *flatus vocis*, idea abstracta, irreal.

La revolución que supone el nominalismo en la historia de la filosofía es impresionante. Muchos lo consideran el origen de la modernidad.

Siguiendo con las clases de filosofía del bachillerato, recordamos que el
concepto fundamental sobre el que gravita toda la ideología medieval previa al
nominalismo, es el de un Universo regido por leyes de naturaleza racional, y por
lo tanto, comprensibles. Esto le dota de un orden armónico que afecta a todo lo
creado. El mismo Dios, desde estos presupuestos, crea no según un capricho
arbitrario, sino de acuerdo con un plan lógico y racional. *"En el principio era el
logos"*, ¿recuerdan? El resultado es un Universo comprensible, por lógico, pero
sobre todo imbuido de razón, de sentido y de finalidad.

Bien, todo esto saltará hecho pedazos con el nominalismo. Si solamente
podemos conocer lo particular, nada se puede predicar en general, y nada se
puede conocer con seguridad. Desaparece la metafísica, desaparece la idea de
finalidad, desaparece la posibilidad de llegar a la Verdad. Solamente tenemos
conocimientos provisionales. Lo demás son *nomina nuda,* meros nombres.

Pues bien, mi tesis es que este libro, *El nombre de la rosa,* bajo una estructura
novelada, más allá de la trama policíaca que describe, es fundamentalmente una
defensa del nominalismo, una propuesta de la validez y actualidad de los presupuestos nominalistas, y, por lo tanto, una toma de partido contra la posibilidad
de llegar a verdades objetivas.

Las citas de pasajes que demuestran mi afirmación se encuentran por todas
partes.

En la pág. 199 (cito siempre por la edición italiana de Bompiani), el tercer día, a
la hora de nona, Guillermo habla con Adso *"de sus dudas acerca de la cognoscibi-
lidad de las leyes generales".*

En la pág. 208, tras hacer el elogio de Roger Bacon, ataca a quienes *"se pierden
en la búsqueda de leyes universales".*

En la pág. 309 hay un diálogo interesantísimo entre Adso y Guillermo:

> – *Pero entonces, osé comentar, estáis todavía lejos de la solución.*
> – *Estoy cerquísima, dijo Guillermo, pero no sé de cual.*
> – *¿Así que no tenéis una sola respuesta a vuestras preguntas?*
> – *Adso, si las tuviera enseñaría Teología en París.*
> – *¿En París tienen siempre la respuesta verdadera?*
> – *Jamás, dijo Guillermo, pero están muy seguros de sus errores.*
> – *Y vos, dije con infantil impertinencia,¿no cometéis nunca errores?*
> – *A menudo, respondió, pero en lugar de concebir uno solo imagino muchos, de manera que no quedo esclavo de ninguno.*

Adso termina recordando cómo *Guillermo "no tenía el menor interés en la verdad, que no es otra cosa que la adecuación entre la cosa y el intelecto. Él, en cambio, se divertía imaginando la mayor cantidad de posibles posible".*

En la pág. 596 dice textualmente: *"las únicas verdades que sirven son instrumentos que luego hay que tirar".*

Y en la siguiente: *"el diablo no es sino la verdad jamás tocada por la duda".*

Pienso que todo el argumento ideológico de *El nombre de la rosa* podría resumirse en esta afirmación: el único mal es que haya quienes crean que existe algo absoluto.

Y por si no quedara suficientemente claro, se explicita de forma inequívoca en la pág. 134: *"la única verdad consiste en aprender a librarnos de la verdad".*

Baste con estas citas para establecer la raíz nominalista de la novela. El improbable interesado puede encontrar casi en cada página rastros nominalistas.

Pero vayamos ahora a los nombres, tan importantes para un semiólogo nominalista.

Por de pronto, el protagonista, Guillermo de Baskerville. Que el nombre propio, Guillermo, es un homenaje a Guillermo de Occam, parece bastante evidente. Como Occam, nuestro protagonista es fraile franciscano e inglés.

Pero la novela, además de manifiesto nominalista, es una narración policíaca, que rinde homenaje, en el apellido Baskerville, al detective Sherlok Holmes (recuerden el famoso relato de *El perro de Baskerville*).

El personaje de Conan Doyle es también un positivista. Y, como en el caso de fray Guillermo con Adso, Sherlok Holmes siempre está acompañado por un Dr. Watson, al que corresponde hasta en el nombre, el Adso de Umberto Eco.

En el primer capítulo de *El nombre de la rosa*, fray Guillermo de Baskerville describe el camino que ha seguido el caballo perdido del abad, y hasta su estampa, color, alzada, incluso el nombre, sin haberlo visto jamás, solo por la observación de los indicios materiales. Difícil imaginar una cita más explícita a Sherlok Holmes.

El antagonista es fray Jorge de Burgos, el bibliotecario. Es el monje más anciano de la abadía, ciego y el único de origen español. Lleva el nombre de un santo inexistente. La referencia a Jorge Luis Borges, que nos enseñó a tantos a ver la vida *"sub specie bibliotecae"*, es evidente; en el nombre, en la ocupación y hasta en la ceguera. Fray Jorge es el responsable de todas las muertes. Ha traído de Silos un manuscrito del perdido libro II de la *Poética* de Aristóteles, donde habla de la risa.

Jorge considera peligroso que se conozca ese manuscrito, pues puede hacer perder el miedo a Dios y al diablo (pág. 574), y ha untado sus páginas con ungüento venenoso para que si cayera en manos de alguien, el veneno se disolviera en la saliva del que lo ojeara, matándole.

Los razonamientos para ocultar el libro y justificar hasta los crímenes insisten en la postura nominalista, o, si se quiere, contraria al realismo, al que acusa de miedo al placer, a la risa y a la libertad.

Pero hay más. Según la tradicional definición de Aristóteles, *"Belleza es lo que place a los sentidos"*. Umberto Eco da la vuelta al aforismo. Asegura que el manuscrito encontrado demuestra que esa formulación tradicional es una mala traducción del texto original de Aristóteles, que en realidad habría escrito *"lo que place a los sentidos es bello"*.

Así, se destruye el absoluto de la primera afirmación, porque ahora también lo feo, si place a los sentidos, puede ser bello. Y ya no se afirma que la belleza es. Podemos saber si ALGO es bello, pero no QUÉ es la belleza.

Como ven, puro pensamiento débil. Actualidad total.

Pero no hemos comentado todavía el comienzo de la novela que es igualmente clarificador. Las primeras palabras, el título del prefacio, antes del prólogo son "POR SUPUESTO, UN MANUSCRITO".

Umberto Eco utiliza un recurso literario clásico: el de un manuscrito del siglo XIX, que a su vez recoge otro del XIV, escrito en latín, versión a su vez de uno anterior, escrito por Adso de Melk, con la narración de sus recuerdos.

Pero la pregunta es ¿por qué POR SUPUESTO? Empezar con ese POR SUPUESTO no es casual. Encierra una clave, seguro. Y solo encontraremos la respuesta si aceptamos que esto no es solo un recurso literario sino, de nuevo, una declaración de intenciones.

Bien intentamos comprenderlo.
En su POSMODERNISMO REVISADO cita JOH BARTH unas líneas de Umberto Eco que definen espléndidamente lo que podríamos llamar la mentalidad Posmoderna. Dice así ECO:

"La actitud postmoderna es la de un hombre extraordinariamente culto, profundamente enamorado de una mujer asimismo extraordinariamente culta, y que sabe que no puede decirle "te amo apasionadamente", porque sabe que ella sabe, y que ella sabe que él sabe, que eso ya lo ha dicho Corín Tellado. Entonces, si a pesar de todo quisiera establecer un diálogo de amor, tendría que recurrir a algo así: "como diría Corín Tellado, te amo apasionadamente".

Quisiera resaltar de esta cita algunos rasgos.

La posmodernidad no cree en la posibilidad de la creatividad. Afirma que todo está ya dicho. Que hemos llegado tarde a la Historia. El hombre culto sabe que ya no es posible ser original. Y que nuestra única posibilidad, Hoy, es el recurso a la cita. Solo el hombre ingenuo cree que es posible decirle a su amada algo original.

El hombre culto, en cambio, recurre a la cita. Y, fijáos, a la cita de Corín Tellado, no de Rilke, o de Eliot, de alguien igualmente culto. Citando a Corín Tellado adopta esa actitud intelectual tan contemporánea de sublimación de la cultura de masas, del desecho cultural, recuperado irónicamente con una especie de ecologismo sincretista cultural, tan actual.

Tengo un amigo, musicólogo insigne (y ciertamente también algo snob, como buen intelectual) que sostiene sin unmutarse que la única ópera interesante de Mozart es *Shauspieldirektor.* Defender hoy *La flauta mágica* o *Don Giovanni* es demasiado... obvio! Igualmente afirma sin pestañear que Verdi no compuso ni una sola ópera seria, excepto, quizás Oberto. Pero hablar de Rigoletto, Trovatore, Nabucco, Aída, Traviata, D. Carlo... es tan... tan... evidente, tan pequeño burgués...!

Bien, volvamos al hombre culto contemporáneo que, mediante la cita, consigue evitar la ingenuidad de pretender ser original y, al tiempo, puede decirle a su amada que la ama; pero que la ama en un tiempo en que la ingenuidad se ha perdido y la originalidad es imposible.

El guiño, cómplice, de estos dos amantes, extraordinariamente cultos, que se dicen con calculada ironía *"Como diría Corín Tellado, te amo apasionadamente"* es el mismo guiño de Umberto Eco al lector culto, con su "por supuesto, una cita, un manuscrito".

Desde una postura posmoderna, donde la creatividad es mera combinatoria de lo ya dicho, la novela no puede aspirar a ser original. De ahí el por supuesto, un manuscrito. Así, la novela de Eco se disfraza, posmodernamente, de cita. Más aún, de cita de cita de cita.

Eco, en la pág. 13, la califica de *"mi versión italiana de una oscura versión neogótica francesa de una edición latina del seiscientos de una obra escrita en latín por un monje alemán a fines del trescientos"*.

Comprenderán, de paso, el regocijo que me produjo encontrar en el artículo de John Barth la cita de Eco que hice antes. Así todo quedaba redondamente posmoderno: Vicens cita a Barth que cita a Eco que cita a Corín Tellado.

Pero debemos entrar ya en la biblioteca. Digamos cuanto antes que la concepción y la descripción del recinto está hecha por un semiólogo, no por un arquitecto. Esto tiene consecuencias importantes.

Para un arquitecto, existe una relación entre forma y función.

Para un semiólogo la relación es entre forma y significado.

No es pues la función, sino el significado lo que debemos estudiar.

La biblioteca es el recinto mejor descrito de la abadía, a la que se dedican varios capítulos. Pero su reconstrucción mental es casi imposible. De hecho, Eco ofrece un plano de la planta de un edificio cuadrangular con torres pentagonales en las esquinas y un patio interior octogonal. Alrededor del patio de suceden estancias cuadrangulares y en centro de las torres hay otras heptagonales. Pero ni siquiera intenten reconstruir lo dicho. Esta disposición teóricamente ordenada es un laberinto. Eco habla de la *"sublime maestría de los constructores de la biblioteca que consiguieron el máximo de confusión con el máximo de orden"* (Pág. 220).

A cada sala corresponde una letra. Pero la situación de éstas no tiene un orden aparente. Es como una sopa de letras, en la que dependiendo de la dirección y el camino se construyen palabras con sentido (Hibernia, Yspania, Anglia, Germania) o sin sentido alguno. Esa aleatoriedad quita toda posibilidad de orientación.

Pero hay más. A la aleatoriedad de la disposición de las salas corresponde una simétrica aleatoriedad en el almacenamiento de los libros. Es cierto que en algunas salas de Yspania, por ejemplo, se encuentran comentarios al Beato de Liébana, pero junto a otros libros sin conexión aparente. Las salas apilan los volúmenes sin un sistema racional. Solo la memoria del bibliotecario puede establecer la situación de cada volumen.

Que la biblioteca, el lugar sagrado del conocimiento, de la lógica, se plantee como un laberinto, es una muestra más del carácter posmoderno de la novela. La posmodernidad no acepta la posibilidad de estructurar discursos universales, coherentes. Lo que nos queda es, solo, la yuxtaposición de ideas, de citas desconectadas entre sí. El hombre culto concatena citas, referencias más o menos aproximadas; sugiere, más que define, campos que se ofrecen a la interpretación de los demás. Todo es fragmento y descontextualización.

Como saben, un pavoroso incendio destruirá la abadía al final del relato. Adso, años después, pasará por las ruinas y recolectará restos de manuscritos y libros de la biblioteca. Con ellos compondrá (cito textualmente de la pág. 502) *"una biblioteca menor, signo de la mayor desaparecida, una biblioteca hecha de fragmentos, citas, restos de libros"*.

La biblioteca de *El nombre de la Rosa* es una manifiesto contra el sistema, contra el espíritu racional y los sistemas racionales de la Modernidad. En pocos sitios queda tan claro el rechazo posmoderno a las construcciones lógicas, fuertes, cerradas, y la defensa de alternativas débiles basadas en las discontinuidades de la razón.

Bien. Ha llegado el momento de intentar extraer alguna conclusión de este juego que hemos hecho.

Es claro que la novela contrapone a la cosmovisión cristiana (que supone la posibilidad de conocer la verdad objetiva y la existencia de Dios) una visión agnóstica, que implica la imposibilidad de conocer la verdad (más aún, que considera esta pretensión como locura).

La forma de novela le permite zafarse de la pregunta importante, de la resolución de la aporía básica: ¿cómo, si no podemos saber nada con seguridad, se puede afirmar con seguridad la no existencia de absoluto alguno?

La biblioteca es, en el fondo, una estructura inútil, por inusable. Metáfora de nuestro tiempo, que abomina de las estructuras racionales "fuertes" y se refugia en la voluptuosidad de los sentimientos, en lo irracional, en las fisuras, las grietas, las discontinuidades del discurso racional. Es el laberinto de los sentimientos.

La biblioteca es, pues, un laberinto incomprensible, aterrador, como la propia situación del hombre enfrentado a la imposibilidad de conocer nada con seguridad.

Michael Ende describe maravillosamente, en *El espejo en el espejo*, esa angustia contemporánea que procede de la falta de referencias, de la pérdida de la cosmovisión, del sentido de las cosas. Una persona encerrada en una habitación de espejos, que se reflejan infinitamente entre sí, donde no hay leyes objetivas y seguras sino provisionales. Si levanto un brazo, se levantan infinitos brazos; si lo bajo, desaparecen todos. Si lloro, lloran infinitos rostros. Todo, todo, depende de la persona, encerrada en ese laberinto de espejos.

Y lo más aterrador es que este laberinto es un mundo sin límites, sin principio ni fin. Un mundo que genera espontáneamente sus propias leyes. En definitiva un mundo sin puntos de referencia objetivos.

En este mundo no existe conflicto, como en Creta, entre lo Racional y lo irracional, entre Teseo y Ariadna y Dédalo y el Minotauro. Aquí todo es laberinto; no hay salida. Es el mundo del *NO FUTURE*.

La nueva sensibilidad posmoderna nos ha abierto, ciertamente, muchas perspectivas maravillosas. Nos ha hecho más sensibles a la diferencia, a lo marginal, al valor de lo extrarracional. Pero, dejando a un lado su pesimismo nihilista, tiene una debilidad intrínseca, que José Antonio Marina ha sintetizado magistralmente cuando escribe que "tontear con la idea de verdad es un juego arriesgado".

Nada más cierto. Sabemos, desde hace 20 siglos, que la verdad nos hace libres. Más aún, nosotros, universitarios, sabemos que SOLAMENTE la búsqueda ardua, incansable, de la verdad da sentido y dignidad a nuestra vida, mientras que la ignorancia y el desprecio al conocimiento es el campo abonado de dicta-

dores, de esclavos del sentimentalismo vaporoso, de las modas y de los medios
de indoctrinación de masas.

Sabemos que hay que argumentar fuerte en tiempos de pensamiento débil.
Sabemos que no hemos llegado tarde a la Historia, y que todavía hay formas
nuevas, únicas, personales, no estrenadas, de decir *"te amo apasionadamente"*.

Sabemos, en definitiva que la creatividad no es mera cita, sino recreación
personal.

Y sabemos que la creatividad seguirá redimiendo la vida de los hombres.
"Cuanto más poético, más verdadero": son palabras de Novalis. La aventura del
hombre es, también hoy, la aventura de la creatividad.

Este siglo que acabamos de clausurar no pasará a la historia de la infamia gracias
a que los nombres de los Hitler, Mao, Lenin, Stalin, Pol-Pot, etc. han sido redimidos
por las maravillosas aventuras del Cubismo, del Dadá, del Futurismo, del
Constructivismo, del Minimalismo, del Deconstrucción... Todas esas apasionantes
aventuras del espíritu humano que no se resigna a lo que le ha sido dado, a lo que
ha recibido en herencia, sino que quiere transformarlo a mejor.

Ésa es nuestra tarea. Ésa es nuestra dignidad.

CARLOS FERRATER:
ENTRE LA SERENIDAD
Y EL ABISMO

Alguien dijo que la humanidad se divide en dos tipos de personas: los que
dividen a la humanidad en dos tipos de personas y los que no. Más allá del
carácter de *boutade* de esta afirmación, hay algo interesante en ella: la división
dual, el juego de opuestos, es a menudo una táctica extremadamente útil para
comprender –y explicar– una realidad compleja.

Claro que el peligro de toda clasificación es el reduccionismo simplista, que
olvida los matices a favor de un encaje sin detalles en un grupo determinado. Su
ventaja, a cambio, es que permite el estudio de las cosas sin partir de cero, apo-
yándose en estructuras conocidas. Así, las diversas clasificaciones por adscripción en términos de opuestos han hecho fortuna en todos los ámbitos de la
cultura: idealistas frente a realistas, clásicos o barrocos, racionales y patéticos,
apocalípticos e integrados, belcantistas contra wagnerianos... No existe
fenómeno o actividad humana que no haya sido, o pueda ser, encuadrada en un
catálogo de dualidades.

Juan Eduardo Cirlot ha formulado una de las más bellas afirmaciones de este
tipo: *"El arte, como el hombre, se debate entre dos polos opuestos: la belleza de la
serenidad absoluta y la fascinación del abismo".* Hermosa redefinición de los
d'orsianos espíritus apolíneo o dionisíaco, que sirven para jalonar los momentos
estelares de la cultura. Cualquier profesor ha experimentado las ventajas de
estas contraposiciones al enfrentar a los alumnos por vez primera con las
diversas poéticas arquitectónicas. Perdidos en un océano de informaciones
simultáneas y contrapuestas, facilitarles esquemas de este tipo les ayudan a
hacer pié y moverse con cierta soltura en una realidad poliédrica, excesivamente
compleja para ser comprendida de golpe. Mies y Corbu, Aalto y Rossi, Koolhaas,
holandeses y *neue sachlichkeit*, brutalismos, minimalismos, metabolismos,
orgánicos y tecnólogos, venturianos, tafurianos... el panorama puede ser
abrumador sin la ayuda de algún sistema ordenador.

Pero todo este mundo de ficciones académicas, de simplificaciones metodológicas –hablar de "holandeses" ya supone dejar en el camino variadísimos numera-
dores para fijarnos en el mínimo común denominador– tiene un ámbito concreto,
un campo reducido de validez, más allá del cual se convierte en banalidad o
simpleza. Pues entre esos dos polos opuestos, entre esas líneas de fuerza
definidas existen espacios fértiles de creación, poéticas híbridas de difícil descripción en términos tan reductivos.

Quizá nuestra época sea especialmente sensible al disfrute de esas actitudes
"intermedias", de esos ámbitos mestizos difícilmente definibles en términos
taxonómicos. Poéticas que buscan "lo mejor de los dos mundos", la sugerencia

antes que el dogma, la mezcla sobre el purismo. Omar Calabrese ha calificado de neobarroca nuestra cultura posmoderna. Quizás fuera más apropiado calificarla de neomanierista, en referencia a ese mundo previo al barroco, contra el que éste reacciona pero que en definitiva lo hace posible. El Manierismo (término quizá ambiguo pero ciertamente consagrado, nacido del contrarrenacimiento y enterrado por la contrarreforma) abre un universo fascinante que brota de la reacción anticlásica como afirmación del valor de lo imaginativo frente a lo normativo, que lucha contra los principios de racionalidad y objetividad, que subraya el valor del desequilibrio, lo inarmónico y el desorden...

Imposible, tras lo anteriormente esbozado, no pensar en nuestra época. Ciertamente, los síntomas de la crisis que afecta a la cultura contemporánea aparecen prefigurados en el *cinquecento*. Habla Benincasa: *"el triunfo del capitalismo, la clausura de una sociedad orgánica como la medieval, la mecanización de la vida, la alienación del individuo, la rígida organización de las relaciones humanas y sociales, el sentido de la incertidumbre, la pérdida del centro, la caída de los valores objetivos, el abandono del naturalismo y del realismo en el arte, elementos todos presentes en la sociedad y la cultura* cinquecentesca, *son características típicamente manieristas"*.[1] Su correspondencia con algunos de los factores de la crisis de nuestros días, su simetría respecto a la disgregación propugnada por ciertas líneas de fuerza del pensamiento contemporáneo permite sospechar raíces comunes en actitudes semejantes.

Estos momentos precisos de la arquitectura tienen un ambiguo entorno cultural y un soporte ideológico sincretista cercano al manierista. Como entonces, surgen creadores que optan por investigar los caminos del desequilibrio y la rotura del orden; que asumiendo los riegos de una postura antimoderna –anticlásica–, se lanzan a explorar la geografía de la transgresión; que rechazando, en definitiva, el valor normativo y ejemplar, la validez universal de la normativa –clásica o moderna–, exploran movimientos efímeros y ambiguos, contradictorios y complejos, experimentales e inseguros, pero ciertamente enriquecedores e intelectualmente fascinantes.

Tafuri[2] ha estudiado brillantemente el experimentalismo de Peruzzi, el naturalismo "monstruoso" de Primaticcio, la fantasía decorativa de Ammanati, las distorsiones de Buontalenti, los caprichos de Gianbologna, los enrarecidos arabescos

---

[1] Benincasa, Carmine. *Sul manierismo come dentro a uno specchio*. Officina. Roma, 1976, pág. 9.

[2] Cfr. básicamente Tafuri, Manfredo. *L'architettura del Manierismo nel Cinquecento europeo*. Officina. Roma, 1966. Y *Retórica y experimentalismo. Ensayos sobre la arquitectura de los siglos XVI y XVII*. Universidad de Sevilla. Sevilla, 1978.

de los *grottesche* nórdicos o la trágica deformidad de esos "monumentos a la irracionalidad" que son las propuestas de Wendel Dietterlin. Y, sobre todos, la figura de Julio Romano, con sus propuestas para el Palacio del Té o la Villa de la Torre en Fumane, de Valpolicella, que ponen en crisis no solo la sintaxis arquitectónica clásica, sino los significados específicos a ella asociados. Con Julio Romano la utilización de las paradojas deviene constante; el ámbito más cortesanamente sofisticado utiliza un lenguaje "macarrónico" (Tafuri), un naturalismo del más tosco *rusticato*. Las licencias constructivas ya no son las sutiles manipulaciones miguelangelescas, sugerencias o alusiones más o menos crípticas o ingeniosas, sino agresiones deliberadas a las leyes de la estabilidad, enfatizaciones evidentes y clamorosas de un buscado desequilibrio.

Pero también hoy, como entonces, el panorama es múltiple. No todo el *cinquecento* se define en términos de transgresión. Si la descomposición experimental de los nexos sintácticos y de las normas gramaticales de la tradición clásica es una de las constantes del manierismo radical, es difícil incluir en este capítulo al resto de arquitectos que como Serlio, Sansovino y, sobre todo, Palladio, se aplican a la tarea de recuperar una sintaxis perdida, a redimensionar las tareas y valores de la arquitectura y su lenguaje en lugar de acentuar y profundizar en las escisiones, contradicciones y ambigüedades. O, si se quiere, no todo es introspección *malinconica*: existe, al tiempo, un optimismo disciplinar.

Esta larga introducción puede clarificar, a mi juicio, la comprensión de la figura de Carlos Ferrater, enmarcada en el debate arquitectónico de nuestros días. La reciente concesión de la Medalla de Oro de la Arquitectura, por parte del Consejo Superior de Arquitectos de España, certifica el valor de unas aportaciones que han alcanzado ese difícil nivel de excelencia y ejemplaridad.

La trama interpretativa, la falsilla conceptual de la que hablábamos al comienzo de estas líneas puede ser útil para desvelar cuánto la arquitectura de Carlos Ferrater es ejemplar en su voluntad de encarnar los valores de nuestra época pero de forma decididamente crítica, ideológicamente tendenciosa. Es inútil todo intento de reducirla a categorías "fuertes". O, si se quiere permite lecturas complementarias, cuando no contrapuestas, aunque siempre enriquecedoras y explícitas. Por ello, para un profesor, las citas a la arquitectura de Ferrater son instrumento crítico privilegiado.

Tomemos, por ejemplo, el Parque Tecnológico IMPIVA de Castellón. Cualquier alumno quedará fascinado inmediatamente por la rotunda geometría de las potentes "cajas", que celan un complejo programa. Algunos serán capaces de señalar mecanismos compositivos basados en el deslizamiento y la individualización de contenedores de programa y de espacios servidores de circulaciones. Más de uno hablará de lenguajes abstractos y hasta minimalistas. Y siempre habrá quien señale la precisión constructiva que denota dominio de la tecnología y los sistemas.

Es el momento en el que el profesor se divierte matizando, que es lo propio: ¿"Cajas" precisas, de "pieles" tersas y tecnológicas? Bien, sí, claro, pero mirad este espacio del vestíbulo a triple altura, con pasarelas volcadas y un vacío en diagonal. ¿No podría ponerse como ejemplo de arquitectura interesada en los valores espaciales y volumétricos? ¿"Pieles" tersas, minimalismo? ¡Ejem!, bueno... en realidad tenemos muros de ladrillo, cerramientos de Prodema y Robertson, celosías y muros cortina, lo contrario del material único... Y en cuanto a la abstracción... En fin, quizás la envolvente de la escalera y algunos detalles... pero, mirad estas ventanas cuadradas de catálogo, tan "reales"; y luego, al lado, voluntariamente al lado, provocadoramente al lado, esas *fenêtres en longueur*, insultantemente al lado de otras "aberturas" verticales, y de otras cuadradas, y de celosías metálicas, y de... Por cierto, ¿quién señalaba la precisión de los "deslizamientos" de volúmenes? Mirad los "intersticios"... éste con escalera de emergencia, éste con pasarela transversal, éste acristalado... Que alguien me recuerde luego comentar, en la sección, el forjado inclinado... Veremos la presencia de la diagonal en todos, en todos digo, los proyectos de Ferrater. Pero ahora estábamos en..."

Lo que estamos es en presencia de una arquitectura insensible a la receta apresurada y el adjetivo fácil; contaminada de realismo constructivo sabio, preciso y ejemplar y, al tiempo, de cultura crítica ante estilemas y formalismos reductivos, Una arquitectura que exige tiempo para ser comprendida, porque exigió tiempo para ser proyectada. Ferrater es, posiblemente, ejemplo en muchas cosas, pero con seguridad en una: el trabajo, la dedicación. No hay improvisación en su arquitectura. Y eso se nota. Nada sobra porque todo ha sido depurado en horas de trabajo ascético, exigente. Algo especialmente oportuno para señalar en estos tiempos de *fa presto* resultón y acelerado.

"Más grueso que el papel",[3] el libro editado sobre la génesis y construcción del Palacio de Congresos de Cataluña, es un buen ejemplo de lo dicho. Se recogen en él bocetos sin cuento, esquemas, detalles, diagramas, estudios parciales extenuantes. El resultado final, de una precisión nórdica, es conclusión lógica de un trabajo casi obsesivo. Ferrater cree en la obra bien hecha, no solo en la obra

---

[3] Ferrater, Carlos. *Más grueso que el papel*. Actar. Barcelona, 2000.

bien pensada. Sus exquisitos acabados, aristocráticamente despojados de todo lo superfluo, hablan tanto de un dominio de la ciencia compositiva como de las técnicas constructivas.

Pero sería ciertamente simplista reducir sus valores a los factores constructivos o compositivos. Pues hay algo que siempre fascina cuando se visitan sus obras: es la experiencia del placer de la arquitectura, de unos espacios hechos para ser disfrutados, paladeados en sus recorridos ritmados por episodios de buen diseño. Solo un ejemplo: ese admirable lucernario del vestíbulo, formado por pliegues orientados a las cuatro direcciones, como deseando exprimir al máximo todas las posibilidades de luz cenital de cualquier hora, intensidad, temperatura o brillo. Ese vestíbulo ascéticamente privado de todo lo accesorio, –no puede considerarse como tal el guiño curvo de la escultura de Alfaro– ofrece al visitante la dignidad de una belleza solo excesiva en su inutilidad ejemplar. Porque un Palacio de Congresos es, sobre todo, ocasión de Arquitectura.

Quizás esta idea de la fruición de la arquitectura, de una actividad entendida en términos de servicio, que dignifica la vida del hombre y la hace más feliz aportándole excelencia, sea uno de los secretos del éxito de las obras de Carlos Ferrater. Pocos arquitectos "cultos" combinan la admiración de los circuitos profesionales y una aceptación popular equivalente, en los medios no iniciados. Porque, a diferencia de otros éxitos mediáticos, publicitados hasta la náusea en los medios de indoctrinación de masas, las obras de Carlos Ferrater saben combinar la "serenidad absoluta" y la "fascinación del abismo", razón y sentimiento, *poiesis* y *techné*, ideación y ejecución, una preocupación por ensanchar la geografía de la cultura arquitectónica y una perfección técnica equivalente...

El Palacio de Congresos de Barcelona, que acaba de recibir la Medalla de Oro de la Arquitectura por parte del Consejo Superior de Arquitectos de España, es ya una obra de referencia, a nivel popular, en el rico elenco de edificios que Barcelona muestra con orgullo.

No, ciertamente, sin razón.

EL PANTEÓN DE LOS ESPAÑOLES EN ROMA Y LA NUEVA ARQUITECTURA SACRA

Roma, 1957. Una sencilla tumba en el Cementerio Civil acoge los restos de Santallana, filósofo español muerto en la Ciudad Eterna. Profesor durante muchos años en los Estados Unidos, su sepultura es visitada por multitud de discípulos americanos que se asombran ante el estado de abandono de la lápida.

Las quejas llegan a la Embajada Española ante la Santa Sede. La Obra Pía, responsable de los recintos sagrados de España en Roma, decide tomar cartas en el asunto. Ha oído hablar de un joven arquitecto, brillante y apasionado, culto y entusiasta, pensionado en la Academia de Bellas Artes de la que acaba de recibir el Premio de Roma. Y sabe que el Pabellón de España que ha diseñado este mismo año para la *XI Triennale d'Arte* de Milán ha sido distinguido con la Medalla de Oro del certamen.

El joven arquitecto es convocado a la Embajada. Se le plantea la cuestión, sugiriendo el traslado de los restos de Santallana al Panteón de los españoles de Campo Verano. Javier Carvajal acepta el encargo y, al tiempo, los problemas.

El viejo panteón, una capilla de orden clásico, está completo y difícilmente puede acoger, en condiciones dignas, una nueva sepultura. Carvajal plantea, y consigue que se acepte, una ampliación de la antigua estructura en los terrenos adyacentes.

Más difícil resulta convencer a las autoridades eclesiásticas. El Vicario de Roma, Cardenal Poletti, no autoriza el traslado al Cementerio Católico de los restos de quien no consta que muriera como tal. Javier Carvajal se entrevista con el purpurado. Las dificultades parecen insuperables pero el entusiasta arquitecto despliega sus dotes de convicción y su habilidad diplomática. En definitiva, argumenta, cabe rastrear un fondo cristiano en el pensamiento de Santallana. El Cardenal sonríe ante la fogosa defensa y abre el resquicio de la *combinazione*: *"Ofrézcame"*, dice, *"un punto de apoyo y le concederé el permiso"*.

Javier Carvajal emprende la lectura de la obra de Santallana, a la búsqueda de un párrafo, de una frase que pueda esgrimir ante el Vicario. Con característica tenacidad, lee compulsivamente textos filosóficos mientras anota pasajes y colecciona citas que puedan interpretarse, más o menos literalmente, como de inspiración cristiana o contenido trascendente.

De pronto, un epígrafe preciso: *"Cristo ha hecho posible para nosotros la gloriosa libertad del alma en el cielo"*. Es exactamente lo que buscaba. Nueva audiencia del Cardenal Poletti, que queda desarmado ante la obstinada determinación del arquitecto. *"Haga usted lo que quiera"*, concluye.

Y lo que quiere Javier Carvajal es un recinto abierto. La ampliación del Panteón de los españoles no será un añadido al uso, agrandando la vieja construcción. El hermoso Cementerio de Campo Verano, con sus altos pinos romanos sombreando gozosos cipreses –¿quién señaló que, en Roma, los cipreses son especialmente alegres?– es un lugar demasiado hermoso para darle la espalda.

Diseña, así, un recinto virtual; un espacio sugerido, ni acotado ni delimitado; un ámbito que subraya el protagonismo del entorno natural, del cielo y el perfil de la ciudad.

Son solo tres planos, pero tan delicadamente entrelazados que sorprende saberla obra de un joven. Toda la barroca, magistral articulación del Carvajal maduro, está presente aquí; o ¿no se puede ya sospechar, viéndolo y disfrutándolo, aquélla libertad planimétrica y ese entrecruzarse de maclas de la casa de Somosaguas o del Pabellón de Nueva York, por citar dos obras definitivas, de obligada referencia en la arquitectura española del siglo?

Barroco he dicho, pues Carvajal es barroco a fuer de romano. El barroco supone el contraste armónico, la sorpresa gozosa, la libertad medida. Y esto es el Panteón: muros contrastantes en estudiado equilibrio, luminosa apertura al aire de la Urbe, agregación libre pero entrelazada.

Un plano de travertino abstracto y puro, de precisas aristas y acabado liso realza el altar. Sobre él apoya un muro pesado, con la rugosa textura de su hormigón lavado. El ritmo vertical que establecen las huellas explícitas de un encofrado de madera se interrumpe mediante grietas profundas o planos de volumétrica rotundidad y pulido acabado que traspasan el muro. La esquina vuela sobre el segundo punto de apoyo, la tumba de Santallana; aunque todo el pavimento, en la tradición de las antiguas naves eclesiales, está previsto como sucesión de lápidas funerarias, el realce de la tumba del filósofo, única de volumen emergente, evidencia su condición causal, de punto de partida, de origen del proyecto.

El muro rugoso y pesante, en sorprendente voladizo sobre dos apoyos, remata en un relieve de manos y palomas en vuelo hacia la cruz, subrayado por la frase esperanzada que venció las reticencias del prelado. Es hermoso el recurso a la sugerencia: así como el texto evoca la vida futura sin citar tópicos versículos funerarios, aburridamente manidos a fuerza de obvios, las cruces negativas y positivas –hendidas o incrustadas– del muro de hormigón no son explícitas; deben reconstruirse mentalmente a partir de sus trazos deslizantes.

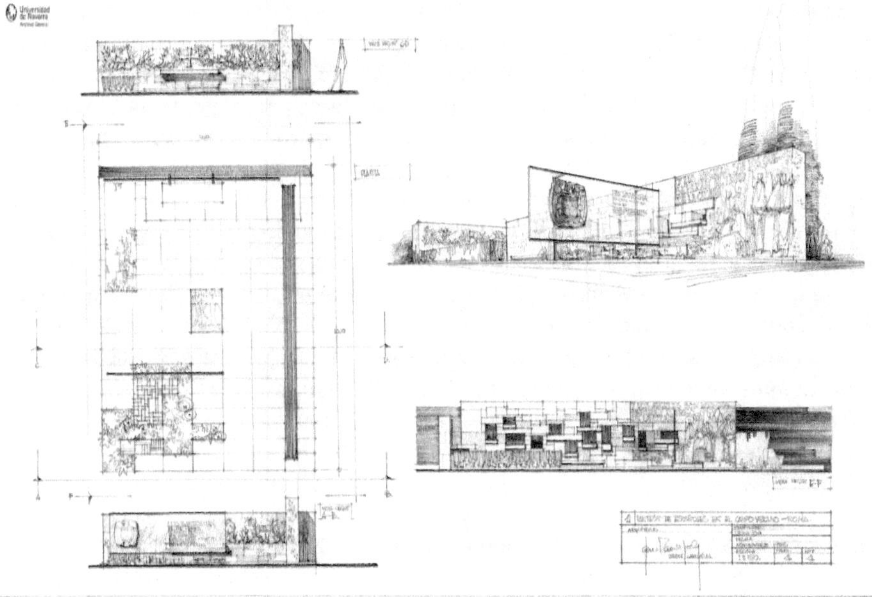

Ortogonalmente a este muro-pantalla, que oculta la caótica yuxtaposición de panteones circundante, dispone Carvajal un segundo plano en manifiesto contraste. Concebido como fondo del altar, es una ligera cancela realizada mediante agregaciones de pequeñas láminas recortadas y coloreadas. Su condición liviana, transparente, permite la visión del paisaje de fondo, introduciendo el parámetro de la vegetación y la naturaleza sin recurrir a los habituales parterres de rosas o cacharros de gladiolos.

En este muro de aire recortado aparecen direcciones no ortogonales, líneas oblicuas y planos trapezoidales. Es tan liso, permeable y ligero como su opuesto es texturado, opaco y pesante. Junto al plano del suelo, continuo y pétreo, forman un trío de superficies contrastantes asociadas mediante sutiles relaciones de libres deslizamientos o apoyos.

Pocas veces un espacio sacro se ha definido con tanta eficacia y tan pocos elementos. El recuerdo a la capilla en el camino de Santiago, de Sáenz de Oíza, es obligado. Ambos son recintos inequívocamente sacros, en cuanto que segregados de la profana cotidianidad y poderosos evocadores del Misterio. Los dos, al tiempo, encepan el proyecto en el entorno dado, se anclan en el paisaje –los

trigales mesetarios de Castilla o los pinos y cipreses romanos– tomando de él
razones de diseño. Nada de abstracciones teóricas. Concreta y real arquitectura
enraizada. Sacra en el sentido profundo del término, estructural y arquitectónica-
mente, sin recursos a figuraciones añadidas o efectos sentimentales. Y abiertos,
porosos al paisaje, franqueables y desplegados, arquitectura de par en par.

Ésta será la primera incursión de Javier Carvajal en el terreno del arte y la arquitectura sacra. Dos años después, un sacerdote conocido en Roma, y objeto, allí
de su catequesis arquitectónica, es promovido a Obispo de Vitoria. Al hacerse
cargo de su diócesis, Monseñor Peralta recuerda al entusiasta arquitecto que le
había confiado su ilusión de renovar el arte sacro y le confía el proyecto de un
nuevo templo parroquial. Siguiendo los consejos del P. Aguilar encarga otras
nuevas iglesias a jóvenes arquitectos: Oíza y Romaní, Corrales y Molezún, Fisac
y Sota serán convocados, aunque la escasez de presupuesto y la incomprensión
de la nueva arquitectura por parte del clero y de los fieles impida realizar más de
dos.

El Centro Parroquial de Nuestra Señora de los Ángeles, de Vitoria, que Javier
Carvajal construye con José María García de Paredes, parte de un solar muy
forzado de forma triangular, limitado en la base del triángulo por altas mediane-
ras de viviendas. A ellas, ocultándolas, adosarán los arquitectos centro parroquial y campanario, liberando así para el templo la superficie limitada por las
calles. La forma condiciona la planta de la iglesia, pero la situación en esquina y
la potente resolución de la cubierta identifica y singulariza el ámbito de culto.

Todo el conjunto se realizó en ladrillo visto, con cubierta de pizarra sobre estructura metálica; ésta queda vista al interior, declarando explícitamente esa
voluntad de renovación formal que confía en la belleza de la lógica constructiva.

El hermoso conjunto escultórico de la Virgen rodeada de ángeles, obra de García
Donaire, continúa la colaboración de Carvajal con jóvenes artistas iniciada en el
Panteón de los Españoles de Roma.

Javier Carvajal solamente realizará dos espacios sacros más, y en ambos casos
capillas: la de la Sagrada Familia, en Puerta de Hierro, y la de la Universidad de
Comillas en Canto Blanco. Curiosamente, ambas comparten con Vitoria, esta vez
por decisión del arquitecto y no por determinación de la geometría del solar, disposiciones convergentes hacia el altar. Sin embargo, la adecuación a las normas
emanadas de la reforma litúrgica del último concilio diferencian radicalmente
estas capillas del precedente vitoriano. La disposición longitudinal de aquélla,
tratada como un organismo direccional, se transforma en un espacio más asam-

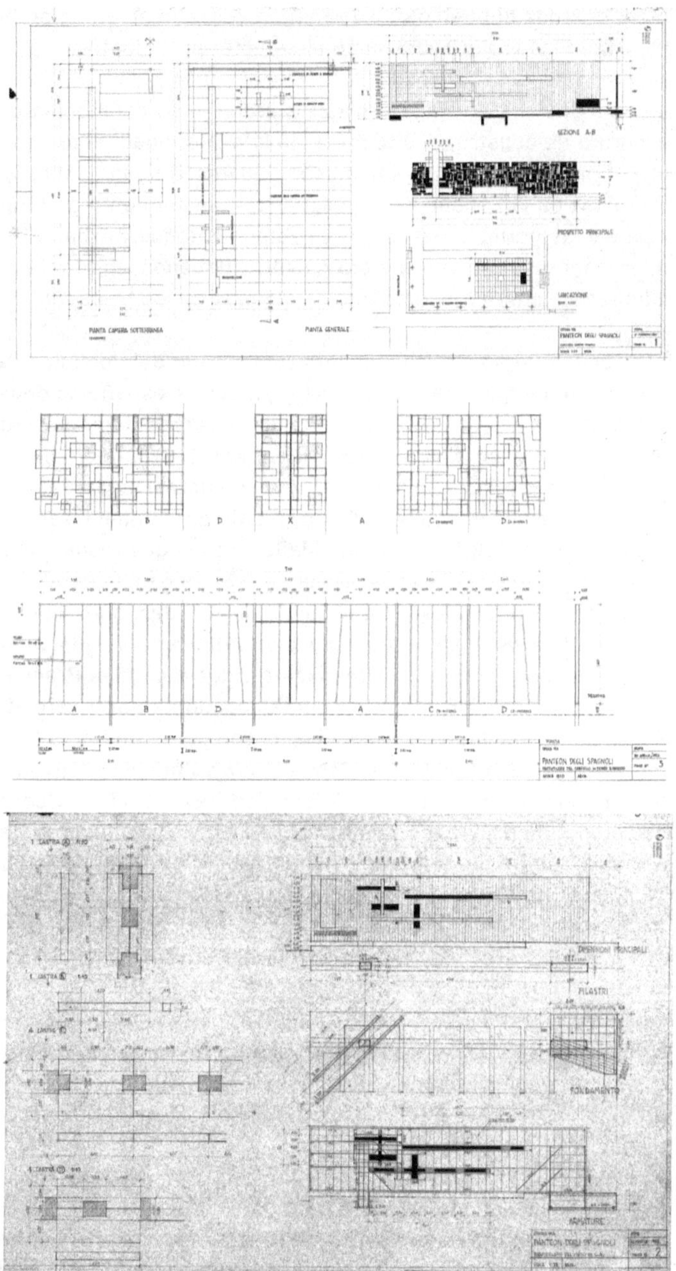

bleario donde el pueblo de Dios, aún enfocando su atención hacia el Altar, Sede y Ambón, los rodea subrayando el carácter participativo.

Junto a Javier Carvajal, los mejores arquitectos del momento participarán en la aventura de construir los templos de la modernidad. El extraordinario trabajo de investigación que ha llevado a cabo Eduardo Delgado sobre la Arquitectura Religiosa en la España de la posguerra –que me honro en dirigir– me libera de referencias pormenorizadas. A su amplio enfoque y exhaustivo estudio remito al interesado por la materia. Pero quisiera al menos, en términos de homenaje admirativo, citar apresuradamente algunos de los protagonistas fundamentales.

Sin duda la personalidad más influyente fue la del dominico *Padre Aguilar*, figura excepcional a quien la Iglesia y la arquitectura españolas deben tanto. Fray Pipo, como cariñosamente le llamaban cuantos le rodeaban, fue causa intelectual de que los Dominicos abanderaran la renovación arquitectónica y artística. El catálogo de realizaciones de la Orden es impresionante: el Colegio Apostólico de Arcas Reales en Valladolid, proyectado por Miguel Fisac, con obras de Oteiza, Labra, Álvaro Delgado, Cristino Mallo y otros, que recibió la medalla de oro de la Exposición de Arte Sacro de Viena de 1954; la capilla del Colegio Mayor Aquinas de Rafael La Hoz y José María García de Paredes, obra de exquisita y despojada sobriedad, cuya única referencia iconográfica es una talla antigua de la Virgen sobre inmenso fondo plano de madera y que recibió el Premio Nacional de Arquitectura de 1956; la iglesia del Teologado de San Pedro Mártir en Alcobendas, también de Miguel Fisac, con obras de Pablo Serrano, José Luis Sánchez, Susana Polak, José María Labra y Francisco Farreras; el santuario de la Virgen del Camino de León del dominico fray Francisco Coello de Portugal, con esculturas de Subirachs y vidrieras de Rafols Casamada; la parroquia de Nuestra Señora del Rosario, en la calle del Conde de Peñalver de Madrid; el Teologado de Torrente, en Valencia, etc.

A través de su revista ARA –acrónimo de Arte Religioso Actual y verdadero soporte intelectual e instrumento informativo de los jóvenes arquitectos interesados en el arte sacro– el Padre Aguilar ejerció una influencia determinante y aglutinó un equipo de arquitectos, escultores, pintores, músicos, orfebres y artesanos que vibraban con sus ideas y a los que supo contagiar su entusiasmo por definir un nuevo lenguaje iconográfico, próximo a las experiencias y la sensibilidad contemporáneas.

El mero enunciado de nombres de artistas, algunos ya mencionados, revela cuánto la aventura de la modernidad fue en esos momentos una esperanzada y compartida ilusión por parte de los mejores: Jorge de Oteiza, Pablo Serrano,

Lucio Muñoz, José Luis Sánchez, Amadeo Gabino, Francisco Farreras, Joaquín Vaquero, Néstor Basterrechea, José María Labra, Luis Feito, José Villaseñor, Donaire, Vela, Cumellas, Mompó, Subirachs, Chillida, etc.

Todos ellos, y muchos más, demostraron con sus obras la posibilidad de una convergencia de lo sacro y la sensibilidad moderna, adelantándose a la declaración de la *Sacrosanctum Concilium* de que *"también el arte de nuestro tiempo y el de todos los pueblos y regiones ha de ejercerse libremente en la Iglesia... para que pueda juntar su voz a aquél admirable concierto que los grandes hombres entonaron a la fe católica en los siglos pasados".*

Que esa libertad no fuera siempre entendida, que esa aventura tropezara con la incomprensión, el rechazo y hasta la persecución sañuda de no pocos –años antes de la declaración conciliar previamente citada la Comisión Pontificia de Arte Sacro llegó a prohibir, a petición de la jerarquía, la realización del proyecto decorativo de Aránzazu...– añade una admiración suplementaria hacia los protagonistas de tan difícil andadura.

Parece obligada la cita de los arquitectos que, junto a Javier Carvajal, hicieron posible con sus investigaciones y propuestas la renovación de los espacios sacros. La referencia quiere ser un homenaje a su talante y a su nunca fácil trayectoria.

La relación podría comenzar con Miguel Fisac, posiblemente el único arquitecto cuya obra religiosa sea conocida a nivel popular –lo que, ciertamente, no constituye garantía de excelencia pero demuestra, al menos, su indudable influencia–. Las iglesias de Arcas Reales en Valladolid; Dominicos y la Asunción de Alcobendas; de la Coronación de Nuestra Señora en Vitoria; Canfranc, Santa Ana de Moratalaz, la Magdalena de Madrid; o Santa Cruz de Oleiros de la Coruña, son elocuentes ejemplos de la concepción del espacio sacro del arquitecto manchego.

La participación de José Luis Fernández del Amo en el Instituto Nacional de Colonización arroja un balance de sorprendente renovación tipológica y formal de la arquitectura religiosa española, promovida, en este caso, desde instancias oficiales. De entre sus iglesias en los Poblados de Colonización es preciso destacar la de Villalba de Calatrava, Ciudad Real –con el excepcional retablo de azulejos en la fachada de Mompó o el Vía Crucis y conjunto escultórico del presbiterio de Pablo Serrano– y la de El Realengo, Alicante. Desde sus primeros años de ejercicio profesional en Granada, Fernandez del Amo supo rodearse de jóvenes artistas que contribuyeron a cualificar los espacios de sus templos. La bellísima capilla del Seminario Hispanoamericano de Madrid; la capilla de las

Esclavas del Sagrado Corazón de Madrid, con retablo de José Luis Sánchez, que mereció la Medalla de Oro de la III Bienal de Arte Cristiano de Salzburgo; la iglesia parroquial de Incío en Lugo; o la parroquia de Nuestra Señora de la Luz en Madrid, son ejemplos magníficos del quehacer de Fernández del Amo.

A la inquieta personalidad de Francisco Javier Sáenz de Oíza debemos el ya mítico conjunto de Aránzazu. Las colaboraciones de Jorge de Oteiza, Eduardo Chillida, Carlos Pascual de Lara, Lucio Muñoz, Néstor Basterrechea, el Padre Eulate o Xavier de Egaña implican la mayor concentración de arte sacro en nuestro suelo y convierten el Santuario vasco en referencia inexcusable. Pero a Oíza debemos también el ya citado proyecto de Capilla en el Camino de Santiago, en colaboración con Oteiza y Romaní, y la iglesia para el Padre Llanos en el madrileño poblado de Entrevías.

Es obligado citar la elegante y discreta figura de Luis Laorga. Contrapunto de la arrolladora personalidad de Sáenz de Oíza en la difícil andadura de Aránzazu y en la malograda Basílica de la Merced de Madrid, es también responsable de la hoy desaparecida Parroquia de Nuestra Señora del Rosario, para los Franciscanos de El Batán. A Laorga se debe haber solicitado la primera colaboración de Carlos Pascual de Lara, que realizó los murales cerámicos del desaparecido templo. Al final de su carrera volvió a afrontar los espacios sacros con una serie de tres ejemplares parroquias de bajo presupuesto para el arzobispado de Madrid, construidas con José López Zanón.

Figura singular en este panorama es la de Alejandro de la Sota; el maestro gallego también trabajó para el Instituto Nacional de Colonización en las iglesias de Gimenells, Esquivel, La Bazana o Entrerríos. En ellas evolucionó hacia modelos de planta central e indudable filiación moderna, cuya mejor expresión se encuentra en las propuestas para Vitoria y Cuenca, desafortunadamente nunca construidas.

José Antonio Corrales es otro de los protagonistas de la aventura que estamos narrando. Su breve pero intensa participación en el Instituto Nacional de Colonización, precedida por el Premio Nacional de Arquitectura de 1948 al proyecto de una Ermita de Montaña, se condensa en tres nombres: la capilla del Instituto de Herrera del Pisuerga, Valladolid, Vegas del Caudillo y Guadalimar. Más trascendencia en su propia evolución poética tienen la iglesia del polígono de Elviña, en La Coruña, o el Cristo de la Misericordia de Madrid, que proponen lo que podría denominarse como una aproximación tecnológica al espacio sacro.

Ramón Vázquez Molezún merece especial recuerdo por sus colaboraciones con otros actores de esta aventura y por su vibrante capilla del Poblado del Grado, construida para la atención de los trabajadores de la presa.

A raíz de su encuentro en la Academia de Roma, y fomentada por la natural afinidad entre dos jóvenes cultos e inquietos, surgieron las notables colaboraciones de Javier Carvajal con José María García de Paredes en el Panteón de los Españoles o en la iglesia de la Coronación de Vitoria. Pero García de Paredes trabajó también con otros arquitectos. A su buen entendimiento con Rafael de La Hoz se debe el Colegio Mayor Aquinas, quizás el más hermoso edificio de la Ciudad Universitaria madrileña. Todas estas obras de la década de los 50, junto a su magistral propuesta para el concurso de Centro Parroquial en Cuenca, constituyen una preparación para los ejemplares proyectos de Almendrales y de Nuestra Señora de Belén en Málaga.

También compañero de estudios de Javier Carvajal, aunque después de cursar la carrera ingresara en la Orden de Predicadores, Francisco Coello de Portugal ha dedicado gran parte de su quehacer profesional a la arquitectura religiosa. Desde su primera intervención en el Santuario de la Virgen del Camino de León,

en la que contó con la colaboración de Subirachs y Ráfols Casamada para las esculturas y vidrieras, Coello de Portugal ha incorporado con especial sensibilidad a los edificios de muchas familias religiosas, y especialmente la dominicana, las directrices emanadas del Concilio Vaticano II.

Poco convencional resulta la aportación de un jovencísimo Antonio Fernández Alba en el salmantino Convento del Rollo, que le valiera el Premio Nacional de Arquitectura de 1963, o el Carmelo de San José. En otro registro, de clave más regionalista, se inscriben sus iglesias para Colonización, donde su talento luchó por imponer todavía imposibles tipologías.

El prolífico Luis Gutiérrez Soto cuenta con una única obra reseñable de carácter sacro: la parroquia de los Carmelitas en la madrileña calle de Ayala. Gutiérrez Soto aporta a esta historia un ámbito que recoge su dilatada experiencia en el campo de los espacios para espectáculos. La medida intervención de Gutiérrez

Soto, como siempre con mayor éxito de público que de crítica, resulta una lección de oficio y una síntesis de su magisterio en otros terrenos.

Necesariamente muchos otros nombres quedarán sin citar; pero recordemos a Miguel Oriol, con su bellísima intervención en el Monasterio de Alcántara, la hermosa y expresionista capilla de los Estudios Guipuzcoanos o la capilla del salto de Torrejón, una obra maestra con pinturas del siempre sorprendente Curro Inza; a Luis Feduchi, con su propuesta para Lisboa y la exquisita capilla para las Damas Catequistas de Madrid; a Fernando Ramón, con su parroquia de la UVA de Canillejas; a Luis Cubillo, con la de la UVA de Canillas; a Antonio Teresa, con las parroquias de Guadix y Ribadelago, etc.

Todos estos arquitectos conforman, junto a otros no reseñados, una generación que supo proponer fórmulas alternativas a las posiciones toscamente neovernaculares, conservadoras o decididamente antimodernas mayoritarias en la posguerra, y cuyos protagonistas, hasta que llegue el piadoso olvido, mantendremos en silencio.

Con una excepción: Luis Moya Blanco. Arquitecto dotado de singular facilidad para el proyecto, excepcional dibujante y de cultura verdaderamente enciclopédica, Moya representa el intento de establecer una continuidad del proyecto clásico entendido en términos de *weltanschauung*, enraizado en el rechazo crítico, intelectual, de los presupuestos doctrinales de la modernidad.

Tras unos primeros años de formación, en los que conoce y no es insensible a la emergente modernidad arquitectónica europea, Moya estructura, en su obligado enclaustramiento durante los años de la guerra civil, un discurso personalísimo que utiliza el lenguaje clásico con libertad neobarroca. De difícil lectura y en clave idealista agustiniana, sus reflexiones le conducen a una suerte de atormentado *Danteum* hispano que constituirá el arranque de "su" nueva arquitectura: el *Sueño arquitectónico para una Exaltación Nacional*.

En lo que se refiere a la arquitectura específicamente sacra –aunque ciertamente es difícil no considerar el *Sueño* como templo– sus primeras obras serán el Escolasticado de Carabanchel y la excepcional parroquia de San Agustín en Madrid, libre recreación de modelos históricos que Moya conoce con precisión y en donde los papeles de composición, construcción y decoración, integradas estructuralmente en un proyecto unitario a la manera clásica, sigue ajustados esquemas conceptuales y un estricto programa iconográfico.

Sin embargo las obras maestras de Moya tomarán ocasión de unos encargos excepcionales. Las inquietudes sociales del nuevo régimen, cristalizadas a veces en propuestas de un populismo sorprendente, llevan a la creación de las llamadas Universidades Laborales. Moya construirá dos, las de Gijón y Zamora. Estos densos edificios, de una erudita intensidad intelectual y tan alejados de la modernidad como del alicorto pastiche casticista al uso, sobrecogen con sus ambientes casi surreales, que mezclan el torno y la fresadora con el orden áulico. El Templo del Saber para el Pueblo se propone en términos de Ciudad Ideal; pero lo verdaderamente asombroso es su intento de demostrar cómo la "dignidad" de la arquitectura dignifica al hombre y su trabajo; intento que recuerda, con su confianza en el valor "redentor" de la arquitectura, al Ledoux de las Salinas de Chaux.

La Capilla de Gijón es una variación del modelo de planta elíptica ensayado en San Agustín. Supone el triunfo del tipo largamente meditado para la iglesia madrileña, y que aquí se muestra avanzando, seguro de sí mismo, sobre el abierto espacio central de la Universidad. Menor carga discursiva presenta Zamora, más próxima a los esquemas ensayados en Carabanchel.

A finales de la década de los 50, Moya insistirá en las plantas elípticas, en algún caso a petición expresa de la propiedad. No obstante, el paso del tiempo y la evolución de su pensamiento arquitectónico, siempre vivaz y atento a las polémicas circundantes, provoca en Moya un desconcierto interno; la capilla del Colegio de Nuestra Señora del Pilar nada retiene de sus antiguos planteamientos, excepto la confianza en el valor de la construcción.

Aún edificará dos iglesias en Madrid: Carabanchel Alto y, sobre todo, Nuestra Señora de la Araucana, donde una sucesión de diafragmas, en forma de arcos parabólicos en ladrillo, conformarán un espacio que niega la centralidad de sus anteriores planteamientos, en un complejo ejercicio de adaptación a los nuevos tiempos.

Este obligado recuerdo a Luis Moya cierra el apresurado repaso de 2 décadas de arquitectura sacra en España, quizás insuficientemente estudiado hasta el momento y, sin duda, no valorado en toda su trascendencia. A todos cuantos ilusionadamente compartieron la idea de Javier Carvajal de que *la herencia del pasado, cuando se contempla y medita, induce a enriquecer una herencia de futuro que se sueña y se crea"* van dedicadas estas líneas. Y, en primer lugar, aunque se formule en último, al mismo Javier Carvajal, a quien reconozco como maestro indubitable.

Madrid, octubre de 2001

JAVIER CARVAJAL.
LA AVENTURA AMERICANA

En 1961 Javier Carvajal gana el Concurso Nacional convocado para proyectar el pabellón de España en la Feria de Nueva York de 1964.

En ese momento, el joven Carvajal ha construido pocas obras pero importantes o al menos significativas. La casa azul de la Plaza de Cristo Rey de Madrid, del 55 y la Escuela de Altos Estudios Mercantiles en Barcelona, del 56, son obras que podríamos definir como ortodoxamente modernas.

Hasta el momento, sus influencias foráneas se deben sobre todo a su estancia en Roma, donde ha residido becado en la Academia de España. Esta estancia le ha puesto en contacto con el racionalismo italiano, poético y monumental. El mismo Carvajal, refiriéndose al edificio de Barcelona dirá que es "de un racionalismo con más ecos de Terragni que de los otros maestros, más los ecos del racionalismo barcelonés del GATCPAC".

Me he referido en otro momento al Panteón de los Españoles en el Cementerio romano del Campo Verano, que proyecta en Roma y considero esencial para comprender su actitud proyectual, las influencias indudables y su trayectoria posterior. No insistiré en ello pues está publicado en las Actas del Congreso de 1998, a las que remito a cualquier interesado.

Hoy prefiero centrarme en la obra que le permite iniciar su aventura americana. Javier Carvajal es un arquitecto de prodigiosa curiosidad intelectual. Su estancia en los EE.UU. será importante en la evolución de su arquitectura posterior.

El Pabellón de España, que, insisto, es del 61, es un edificio singular por muchos conceptos. Vamos a echarle un vistazo.

La planta baja se plantea en términos de zócalo o basamento de los dos prismas ciegos que constituyen la planta alta. El contraste entre ambas es evidentemente enfático. La estructura perfectamente racional, ritmada y repetitiva queda vista en planta baja, exenta y arropada por muros deslizantes, enfoscados en rugoso acabado, que en escasas ocasiones clausuran espacios.

Las complejas articulaciones que descomponen la planta rectangular insisten en el argumento de las maclas y deslizamientos, y en la percepción alternativa de espacios introvertidos oscuros y aperturas a patios interiores.

Por contraste, la planta superior se plantea como dos volúmenes claros y perfectamente definidos, cerrados por elementos prefabricados de gigantesco despiece y rotunda presencia. Los muros absorben la estructura. Solo dos pilares aparecen en el vestíbulo del salón de actos, pues los del fondo del escenario quedan ocultos por un mural. Hasta la sala de exposiciones deja de ser un zigzagueante recorrido alternando compresiones y dilataciones, giros y cambios de nivel para ofrecerse como un indeterminado hangar contenedor.

El planteamiento es demasiado evidente como para ser casual.

Parece clara la voluntad de ofrecer un discurso que integre, por una parte, una geometría racional y por otra percepción digamos sentimental, patética, de la arquitectura. Si se quiere, un cóctel de Italia y Granada, Terragni más la Alhambra.

Tradición y modernidad se ofrecen como coexistentes en las referencias simultáneas, por un lado, al purismo monumental del racionalismo italiano y por otro al delicado entretejido de espacios articulados de la Alhambra. Esto se aprecia especialmente en la clara percepción unitaria exterior que cela laberínticos interiores de intrincados recorridos. O en el contraste entre los precisos prefabricados de enorme despiece liso y los rugosos muros de artesanal factura y minuciosas sombras.

Carvajal supo integrar perfectamente en su diseño obras de artistas jóvenes. Amadeo Gabino diseñó la monumental reja de entrada. José de Labra realizó las delicadas celosías de madera que matizaban la luz de los paños acristalados. Antonio Cumella hizo el enorme mural cerámico Homenaje a Gaudí. Dos grandes esculturas en bronce, un Fray Junípero Serra de Serrano y una Isabel la Católica de José Luis Sánchez, directamente encargadas, como el resto, para el Pabellón, se presentaban junto a obras de Velázquez, Goya o El Greco, además de otras de Picasso, Dalí o Miró.

Especialmente brillante fue el diseño y tratamiento de las zonas de exposición que supo hacer Carvajal. El techo era una especie de artesonado contemporáneo, formado por bloques de madera suspendidos del forjado, de entre los que colgaban haces de tubos de aluminio que albergaban las luces. Los soportes de las vitrinas repetían el diseño. En ciertos lugares especiales los tubos colgantes y los tubos soportes se encontraban en vitrinas. Los muros interiores se despegaban del suelo oscuro mediante profundas fosas en las que se empotraban líneas continuas de luz.

El ambiente de penumbra y la iluminación concentrada en los objetos expuestos remitía sutilmente tanto al opulento exotismo de la cueva de Alí

Babá como a las maravillas naturales de las grutas de estalactitas y estalagmitas. En este ámbito especial y secreto, las piezas expuestas cobraban un protagonismo excepcional.

La fortuna crítica del Pabellón de España fue extraordinaria, muy especialmente en los EE.UU. Y posiblemente por la facilidad de lectura en términos de síntesis. La fácil identificación de lo español tradicional con la arquitectura de castillos de rotunda y despojada presencia exterior y sombreados interiores opulentamente decorados más que una ingenua reducción es un acierto claro en ese entorno de vociferantes gestualidades. En el parque temático de la feria, con su acumulación de arquitecturas inconexas, este recurso permitía reconocer el pabellón como simultáneamente enraizado en la tradición y abierto a lo contemporáneo.

Permítanme una larga cita de Robert Stern, en su libro *New York 1960* que corrobora lo que afirmo. Dice Stern:

"El edificio era un notable matrimonio entre formas modernas International Style y configuración espacial de arquitectura vernácula española. Como las casas típicas en España, aparecía virtualmente ciego al exterior, a la calle, y abierto interiormente a una serie de patios brillantemente ajardinados... El diseño era claramente acertado tanto en términos formales como narrativos, en cuanto que constituía una composición sofisticada e inteligente y al tiempo poseía una presencia inmediatamente identificable como española".

Sigo con la cita de Stern: *"Interiormente, el diseño de Carvajal evocaba brillantemente las admirables secuencias espaciales –alternando luz y oscuridad, compresión y expansión, apertura e introspección– que caracterizan la arquitectura tradicional española. En sorprendente contraste con las zonas de exposición, oscuras y dramáticamente iluminadas, donde se había conseguido, según la revista Life 'un ambiente de recogimiento casi religioso' los patios vibraban con los ritmos flamencos y el fragor vitalista de la Taberna Marisquera. Algunos de los espacios interiores del piso superior se separaban de los patios mediante delicadas celosías de madera. En todo el Pabellón, un mobiliario especialmente diseñado por Carvajal contribuía al efecto global".*

Hasta aquí la cita de Stern. *Progressive Architecture*, en ese momento sin duda una revista de culto, calificó el Pabellón como *"incuestionablemente la mejor –arquitectura de la Feria, enfatizada por las impecables exposiciones, delicada aunque algo cara– gastronomía y excelentes actuaciones típicas. El Pabellón, rodeado por frívolos garitos feriales, se alza con elegante refinamiento y serenidad, ejemplificando con acierto el orgullo y la dignidad de España".*
Ralph Caplan lo elogió como *"un elocuente ejemplo de lo que debe ser una exposición, de lo que debe ser el tratamiento de la luz y, muy especialmente, de lo que debe ser la contribución de un Pabellón nacional a una Feria Universal".*

Y Ada Louise Huxtable resumió la calidad del Pabellón español escribiendo que *"España ha reunido una muestra soberbiamente integrada, hermosamente seleccionada, magníficamente presentada, absolutamente de primera calidad".*

Pero los elogios al Pabellón español no se limitaron a la prensa especializada y a los arquitectos. *Time* publicó lo siguiente: *"la increíble belleza del Pabellón*

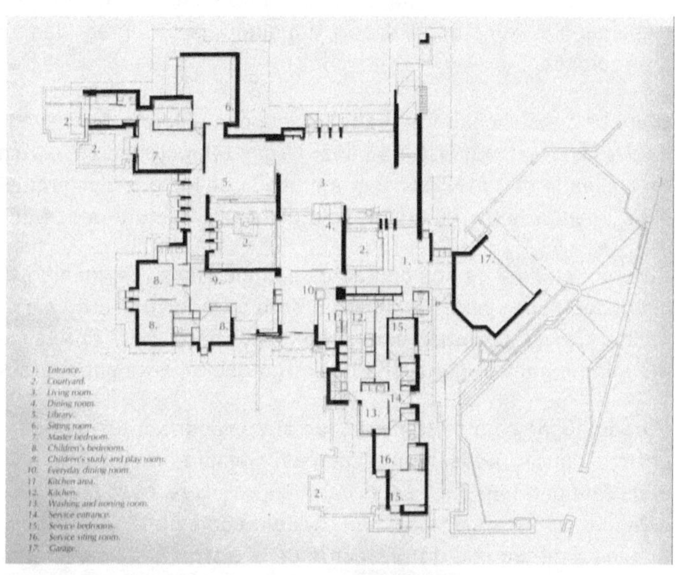

1. Entrance.
2. Courtyard.
3. Living room.
4. Dining room.
5. Library.
6. Sitting room.
7. Master bedroom.
8. Children's bedrooms.
9. Children's study and play room.
10. Everyday dining room.
11. Kitchen area.
12. Kitchen.
13. Washing and ironing room.
14. Service entrance.
15. Service bedrooms.
16. Service siting room.
17. Garage.

podría perfectamente resistir 100 años si se permitiera su permanencia, y debería al menos trasladarse a algún sitio en 1965". Y el diario *América* insistía: *"qué desperdicio que esta joya arquitectónica sea desmantelada tras la Feria".*

Pronto la popularidad del Pabellón se hizo tan evidente que surgió un movimiento para conseguir que no se desmantelara tras la clausura de la Feria.
Este clamor público consiguió que el Pabellón, al clausurarse la Feria, fuera trasladado a St. Louis, Missouri, aunque no en su integridad y con importantes alteraciones.

Bien. La construcción del Pabellón supone el inicio de la aventura americana de Javier Carvajal, que deberá pasar largas temporadas supervisando la obra. Estas estancias le permiten conocer a muchos de los grandes arquitectos americanos y experimentar la increíble potencia de la arquitectura de los EE.UU. en los 60.

Pero por encima de sus contactos con los maestros, quisiera sugerir una influencia especial por parte de un arquitecto cuya fortuna crítica corrió pareja a la del mismo Carvajal. Ambos han recibido, por parte de la crítica canónica, una atención digamos que sesgada, por no decir claramente parcial.

Porque, digámoslo claramente, los archimandritas de la crítica arquitectónica, los críticos consagrados, han hecho casi siempre una historia reductiva. Siguiendo el *dictum* periodístico *"jamás permitas que la realidad te arruine un titular"*, han seleccionado los modelos, han escogido como protagonistas a ciertos héroes que les facilitan su interpretación de la historia, olvidando a quienes se encuadran más difícilmente en su discurso o lo complican. Por no hablar de las exclusiones sectarias basadas afinidades o exclusiones doctrinales o ideológicas. Con ello, en frase de Fernado Montes, *"lo que el Movimiento Moderno gana en coherencia lo pierde la Historia en verdad".*

Javier Carvajal ha hablado de su amistad con Paul Rudolph, a quien conoció durante la construcción del Pabellón.
En su monumental obra *Arquitectura Contemporánea,* Tafuri menciona tres veces a Rudolph, dos en un marco crítico y solamente una reconociendo la calidad del Boston Government Center. Zevi, por su parte, le tilda de *"manierista popular, poco sofisticado, abierto al kitsch"* (en *Zevi su Zevi. Architettura come profezia*). Joseph Thorndike en su *Tres siglos de Arquitectos Americanos* habla del Art and Architecture Building de Yale, la primera gran obra de Rudolph, como *"un monumento al formalismo y a cierto tipo de autosuficiencia modernista antes que a las necesidades del usuario. La mayor parte de sus interiores son perfectamente inútiles".*

Por su parte Stern, en *Nuevos Caminos de la Arquitectura Norteamericana*, publicado en el 68, selecciona a Rudolph junto a Kahn, Kevin Roche, Philip Johnson, Robert Venturi, Romualdo Giurgola y Charles Moore. Su estudio es quizás el más imparcial, si bien no dejan de aparecer las palabras indecibles: formalismo, decorativismo, monumentalidad recargada o, incluso, amaestramiento de la forma, sea lo que sea lo que esto último quiera significar. Particularmente insultante es su comparación con el formalista por excelencia, Paul Rudolph, en la que los mismos términos, negativos sin discusión si se aplican a Rudolph, se tiñen de piadosa comprensión aplicados a Johnson. Pero, claro, y cito textualmente, éste *"es ante todo un arquitecto inteligente, admirablemente lúcido, con el gusto más cruelmente aristocrático y más altamente elaborado de cualquiera de los arquitectos que hoy trabajan en Norteamérica".* *"Finalmente, se le ha de tomar tal como es"* dirá Vincent Scully en *Modern Architecture.*

Al menos Stern reconoce a Rudolph como el primer arquitecto importante, de la segunda generación de arquitectos norteamericanos, en rechazar la limitada visión histórica del Harvard bauhasiano. Será ciertamente uno de los pioneros a la hora de poner en tela de juicio los postulados de Giedeon en *Espacio, Tiempo y Arquitectura* y proponer –cito textualmente– *"la necesidad de volver a ganar el sentido de la forma que ayudó a plasmar los edificios de los arquitectos occidentales hasta el siglo XIX".*

Stern también aceptará el protagonismo de Rudolph en reconocer las limitaciones del método de Mies, con su determinismo estructural y su fría perfección neoplatónica. Respecto de esto y en una entrevista de abril del 65, Rudolph insiste en su preocupación por contribuir *"al enriquecimiento de una arquitectura que se encuentra al borde del amaneramiento".*

Sin embargo, es esta palabra nefanda, amaneramiento, la esgrimida para descalificar a Rudolph. Atrapada entre los neopops venturianos o moorianos –*arquitectura en blue-jeans y otros decadentes manierismos de snobismo proletario,* según brillante definición de Arthur Drexler– y los sofisticados intelectuales neorracionalistas que comienzan a emerger en las universidades de la costa este –arquitectos de pajarita o *col-roulé*– las propuestas de Rudolph tendrán poca fortuna crítica y serán marginadas con arrogante displicencia como puro *decor de vie* para ricos paletos.

Sin embargo, sé –porque se lo he escuchado en múltiples ocasiones– que de entre los muchos arquitectos que Javier Carvajal trató en los EE.UU. uno de los que más impresión le produjo, en términos humanos y profesionales, fue Rudolph.

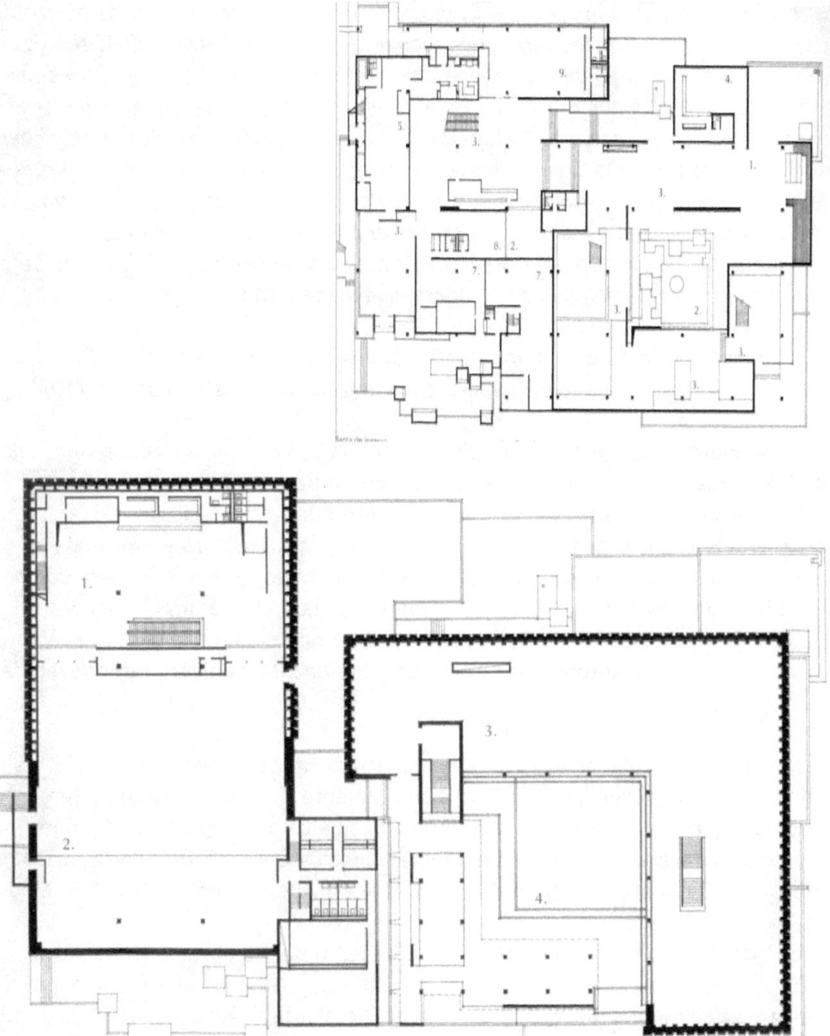

En el 63 Rudolph termina su primer edificio emblemático, el Art and Architecture Buiding de Yale, quizás –y cito a Whiffen y Koeper en su *American Architecture,1860-1972*– *"quizás el edificio más provocador de la década. Libre de cualquier limitación bauhaus, Rudolph produjo una colisión de formas y espacios entrelazados de cavernosas sombras, sugiriendo un ambiente de misterio Piranesiano. Los pilares ciegos y vacíos de servicio, la posición contrapeada de las escaleras y el espacio central iluminado cenitalmente nos recuerda al Wright del Larkin Building y el Unity Temple. El movimiento deslizante de las vigas horizontales, cruzando los soportes verticales, recuerda al Stijl de Rietveld. El edificio es de una fascinante complejidad. Contiene una multitud de niveles (37 en total) con puentes y pasarelas que cruzan y bandejas espaciales que pueden desorientar al visitante, pero que se dedican a funciones diferenciadas. La novedosa textura del edificio excitó tanta discusión como otras consideraciones más básicas. El rugoso despiece vertical del hormigón se consiguió con un encofrado especial, y un posterior martilleado a mano para exponer el árido y conseguir una pátina inmediata. Así se enterró un ideal arquitectónico: la brillantez perfecta de lo permanentemente nuevo dejó paso a una apariencia ajada y añosa."*

El Art and Architecture Building impresionó profundamente a Javier Carvajal, que, como ya he señalado antes, mantuvo una buena amistad con Paul Rudolph.

En esos momentos también Carvajal planteaba críticas serias al purismo moderno que, en multitud de ocasiones y en no pocos ámbitos docentes, se había convertido en una *maniera* acrítica; pero que, sobre todo, no sabía responder a lo que Javier comenzaba a llamar "arquitectura enraizada", la respuesta al lugar entendido como espacio más historia, o si se quiere como tradición cultural. Además, es fácil comprender la sintonía intelectual entre ambos. Compartían el desinterés por el irónico populismo académico de Venturi y por la displicente autosuficiencia de una *intelligentsia* universitaria devenida burocrática.

A su vuelta a España, Javier Carvajal construirá varias obras en las que no es difícil encontrar paralelismos con el planteamiento del Art and Architecture Buiding. Me refiero sobre todo a su propia casa en Somosaguas, del 64, a los edificios de viviendas de las calles Montesquinza y Caracas, del 66 y 68, al Zoo de la Casa de Campo, también del 68 y a la Torre de Valencia, del 70, todas en Madrid.

Nada queda en ellas del despojado racionalismo de las obras previas.

Pensemos en las complejas articulaciones de plantas y alzados, en la yuxtaposición de elementos verticales ciegos y horizontales perforados, en los barrocos

efectos lumínicos, en los contrastes entre liso y rugoso, abierto y cerrado, vertical y horizontal.

Es el Carvajal del hormigón, a veces liso, a veces texturado, con enconfrados de tabla o tablero, con múltiples tratamientos de estriados, abujardados o picados.

Es el Carvajal de las esquinas enfatizadas, las plantas en molinete, las plataformas y las maclas.

Con el proyecto y construcción del Pabellón de España en la Feria de Nueva York se cierra la aventura americana de Javier Carvajal. A los numerosos premios que le reportó se unió su nombramiento como miembro del AIA. Pero su fortuna crítica posterior ha sido claramente injusta.

Bien. He realizado antes una crítica quizás demasiado visceral a ciertos teóricos de la arquitectura cuyo posicionamiento ideológico les impide juicios desapasionados.

Permitidme terminar con un homenaje a uno de ellos. Y digo homenaje de verdad, sin segundas intenciones. Reconozco mi deuda intelectual y admiración sin límites por Manfredo Tafuri, tan excepcional historiador como crítico sectario. Es un ejemplo claro de lo que antes apuntaba, la demoledora descalificación de todo lo que no encaja en los parámetros tenidos como ciertos e inmutables. Y concretamente su negativa a comprender lo que denomina *"el slogan de la superación del funcionalismo"*.

La elegante, aunque a menudo confusa, prosa de Tafuri hierve de santa indignación al calificar a los disidentes. *"La neovanguardia –dirá– roza el ridículo queriendo pronunciar, como lengua común le mot indicible"*. Nadie, de Scharoun a Pietila, de Saarinen a Rudolph, Tange, Utzon, Niemeyer, etc. se libra de frases brillantes como hoces.
Cito algunas:

"Pretenden hacer del antilenguaje una herejía permanente; el resultado es un teatro del trauma, privado, por otra parte, de efectos reales de shock".

Otra:

"Inmersos en una neurosis producida por la obsesiva preocupación de volver a dar densidad semántica a una herencia formal despiadadamente asemántica".

Planta del Art and
Architecture Building.
Zoológico de Madrid.

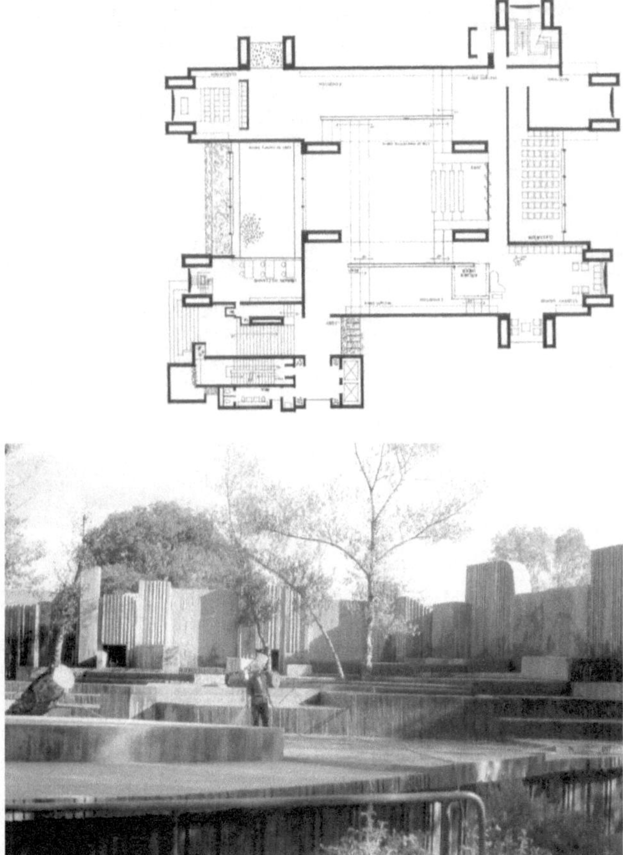

Y otra:

"El resultado es una Poética de la ambigüedad. Objetos arquitectónicos concebidos como sucesión de imprevistos, espectáculos del absurdo, eufóricos fragmentos de naturaleza cristalizada. Aquí la escenografía termina en sí misma".

Es suficiente. Felizmente el poliédrico talento de Tafuri resiste todo expurgo de citas. Al autor de *La Esfera y el Laberinto* rindo homenaje, sincero y crítico, tanto como a los protagonistas de nuestra historia de hoy, Javier Carvajal y Paul Rudolph. Porque contar la historia es ciertamente difícil. Pero hacerla es heroico.

LA ESPADA Y LA LLANA

Desde la publicación de la *Sacrosanctum Concilium*,[1] hace 38 años, hasta las
últimas disposiciones litúrgicas, la reforma auspiciada por el Vaticano II ha
seguido un camino arduo y complejo, con frecuentes altos para decantar lo
recorrido y no pocas revisiones de logros y fracasos. Hoy, el cuerpo doctrinal del
Enchiridium litúrgico es un trabajado, pulido y meditado monumento de
admirable coherencia, de esforzado y optimista empeño para que la liturgia
*"llegue a ser más comprensible a los fieles... más pura, más genuina, más cercana a
sus fuentes de verdad y gracia".*[2]

Muchas cosas han ido quedando en el camino. Felizmente, la experiencia de los
hechos permite una reflexión a los espíritus atentos. Y ¿cómo no rectificar
entonces? Solo los alocados activismos de quienes oponen praxis a teoría, o la
ingenua actitud de una teorización *in vitro*, cercenan la capacidad de ponderar
los hechos en función de los fines. Locura absoluta que conduce o al más
rastrero pragmatismo, enraizado en el desierto de la argumentación teórica, o a
la desconexión solipsística del mundo de lo concreto. El primero, con su apresurado e irreflexivo hacer –desconectado de cualquier tensión crítica– dimite de su
condición intelectual para instalarse en un tosco "realismo" descerebrado. Pero
la teorización "pura" presenta también inconvenientes no pequeños; entre otros,
el de todo academicismo: el autocanibalismo de la pescadilla que se muerde la
cola; miope ante cualquier objeto extrínseco al acotado campo de interés del
cenáculo, el teórico "descontaminado" habla de una realidad hermosa mas con
un inconveniente: no existe.

Sorteando ambos extremos, la reforma litúrgica ha ido estructurándose entreverando doctrina y experiencia, articulando textos y casos, hasta adquirir la madura
densidad que hoy ofrece. Sin embargo, hay que reconocer que el esfuerzo a nivel
doctrinal no ha cristalizado en una generalización de realizaciones prácticas de
comparable altura. Han pasado 30 años, ha transcurrido una generación y todavía
se construyen templos alejados no ya del espíritu, sino hasta de las más específicas y concretas disposiciones litúrgicas.

No me refiero ahora a quienes, de manera más o menos explícita, se oponen a la
reforma, expresan reticencias o interpretan los textos retorciendo el espíritu. A
ellos se dirigía Juan Pablo II con manifiesta autoridad: *"Ha existido y existe
todavía resistencia por parte de individuos o grupos que desde el comienzo han*

---

[1] La Constitución *Sacrosanctum Concilium*, aprobada en la III Sesión del Concilio Vaticano II, el 4
de diciembre de 1963, y destinada a "la reforma y fomento de la liturgia" (Introducción, 1) es el
primer documento de esta categoría emanado del Concilio.

[2] Alocución de Pablo VI a la clausura del segundo período conciliar.

acogido con desconfianza la reforma litúrgica... La fidelidad se basa en la profunda convicción de que la liturgia es establecida por la Iglesia, y que el clero y los fieles no son sus propietarios, sino sus servidores. Tal fidelidad contempla también la apertura y la disponibilidad a aquellas adaptaciones que la misma Iglesia permite y alienta".[3]

Pero incluso entre quienes aceptan sin resistencia las últimas normas, son pocos quienes afrontan la construcción de un templo tras una reflexión trabajosa, tras un meditado análisis de todas las disposiciones disciplinares y del espíritu que las informa. No es extraño, por lo tanto, que proliferen estructuras banales, ámbitos desprovistos de cualquier significado litúrgico, aproximaciones voluntaristas pero exentas de profundidad. Digámoslo cuanto antes: la buena voluntad carente de musculatura teórica es la más peligrosa asechanza; con alegre desenvoltura y desenfadada seguridad se lanza a aventuras que superan sus fuerzas y preparación, sin darse cuenta de que construye sobre arena. Lo peor no es el riesgo de colapso intelectual, del que no son conscientes. Más grave es la reducción del templo a un vulgar ámbito ni sacro ni significante, y, por lo tanto, inútil. Pues solo el que sabe puede. *Sapientia aedificavit sibi domum...*[4]

Claro que no toda la responsabilidad, con ser mucha, ha de cargarse en la cuenta de los arquitectos. Urgencias pastorales y estrecheces presupuestarias pueden rastrearse en el origen de tantas fracasadas propuestas, interesadas tan sólo en "resolver un problema" que inconscientemente agravan. Donde escasean los recursos debe sobreabundar la creatividad; cuanto menos dinero, más trabajo. La España de los 50, arruinada y miserable, presionada por las urgencias de la reconstrucción, sabrá construir, sin medios materiales, una arquitectura sacra que alcanza cotas de calidad no igualadas hasta ahora. El papel de los Carvajal, Oíza, La Hoz, Fisac, Romaní, Fernández del Amo, García de Paredes... no se entendería del todo sin considerar esa parte de la jerarquía decididamente empeñada en el mecenazgo de las artes de vanguardia. El Obispo de Vitoria, los Provinciales de los Dominicos y de los Franciscanos, el P. Aguilar... sumarán ilusiones y esfuerzo con jóvenes arquitectos y prometedores artistas plásticos de vanguardia. Junto a Chillida y Oteiza, Gabino y Mompó, osé Luis Sánchez y Pascual de Lara, Lucio Muñoz o Pablo Serrano, realizarán, 10 años antes del Concilio, una transformación iconográfica sin precedentes. Este desarrollo del

---

[3] Alocución de Juan Pablo II en la conmemoración del XX Aniversario de la promulgación de la Constitución Sacrosanctum Concilium, pronunciada el 27 de octubre de 1984.
[4] "La sabiduría edificó su casa..." PROVERBIOS, IX 1.

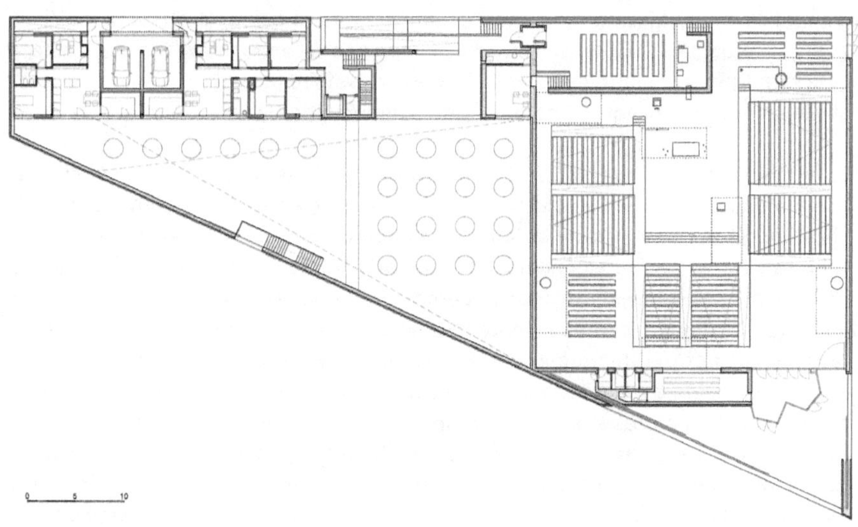

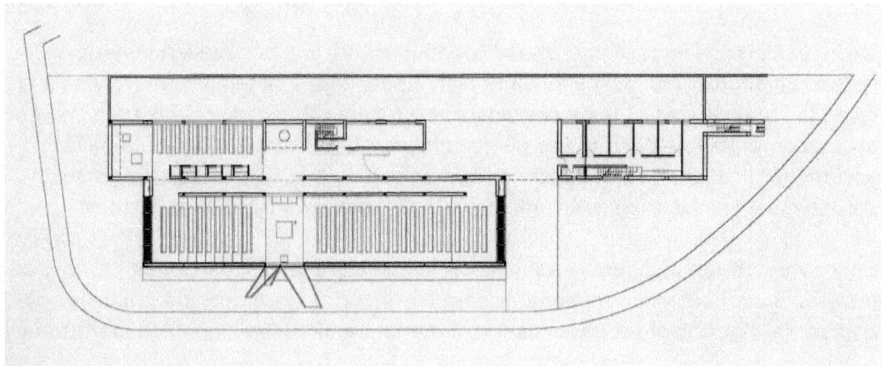

Planta de la iglesia de Ponferrada.

Primera propuesta para el centro parroquial de Rivas,
con la disposición del pueblo a ambos lados.

arte sacro en clave contemporánea encontrará un reconocimiento internacional con el Gran Premio de la Exposición de Arquitectura Religiosa de Viena, en 1954.

El ejemplo anterior demuestra cómo la búsqueda de la excelencia siempre es necesaria y posible, incluso dentro de los rígidos parámetros de un presupuesto cerrado. La actitud "realista" de quien se conforma con salir del paso comporta un fraude intelectual, que justifica con condicionantes objetivos una pereza igualmente objetiva; pero difícilmente enmascara una culpable omisión de deberes ineludibles. *"La humanidad no puede soportar demasiada realidad"* dirá el poeta.[5] La Iglesia, mucho mejor que T. S. Eliot, conoce la proteica, multidireccional dimensión espiritual del hombre y su exigencia de belleza, verdad y bondad.

Por ello, desde la *Sacrosanctum Concilium* se insiste en el valor no renunciable de la dimensión estética en los ámbitos litúrgicos. Con legítima ufanía constata el protagonismo histórico de la Iglesia en cuanto impulsora de una incesante aventura de creatividad y conservadora del más impresionante y rico tesoro artístico; consecuentemente, y de acuerdo con su papel en la historia, que no debe interrumpirse, y con su talante católico, universal y abierto, reclama para el presente una actitud que fomente que *"también el arte de nuestro tiempo... se ejercite libremente en la Iglesia... para que pueda juntar su voz a aquel admirable concierto que los grandes hombres entonaron a la fe católica en los siglos pasados"* [6] y encarga específicamente a los Obispos *"promover y favorecer un arte auténticamente sagrado"*, evitando *"todo lo que ofenda al auténtico sentido religioso, ya sea por la depravación de las formas, ya sea por la insuficiencia, la mediocridad o la falsedad del arte".*[7]

Dicho esto, repasemos siquiera sea abocetadamente algunos requerimientos de los nuevos ámbitos litúrgicos, no siempre bien entendidos. Los templos anteriores a la reforma litúrgica eran estructuras monodireccionales, enfocadas hacia un punto en el que convergía la atención. Ese punto concentraba todos los elementos de la acción litúrgica: altar, como lugar de la celebración de la Santa Misa, tabernáculo para la reserva y adoración eucarística, retablo para la veneración de santos.

En los nuevos templos, este esquema es imposible. Las disposiciones litúrgicas insisten en la necesidad de separar para clarificar. Separar, por de pronto, el ámbito del Sacrificio del de la reserva Eucarística; distinguir también, dentro de

---

[5] T. S. Eliot. Cuatro Cuartetos. Burt Norton, I Cátedra. Madrid, 1987, Pág. 85.

[6] Sacrosanctum Concilium, Cap. VII, num. 123.

[7] Sacrosanctum Concilium, Cap. VII, num. 124.

Ronchamp ph-118

aquél, entre lugares específicos para la Presidencia, la lectura de la Palabra y la celebración del Sacrificio, disponiendo al tiempo las imágenes que se ofrecen a la veneración de los fieles de forma que nunca distraigan la atención de las ceremonias litúrgicas; y cualificar cada uno de estos ámbitos en base a características diversas: en el primero es prioritaria y determinante su dimensión colectiva, de participación activa del pueblo de Dios, mientras en el segundo, dedicado a la oración personalizada, debe subrayarse la posibilidad de una adoración privada.

Así pues, las estructuras posconciliares deben ser pluridireccionales, con puntos diversos de atención y ámbitos diferenciados. Son espacios complejos, que incluyen lo colectivo y lo personal, donde la simetría cede ante la eurritmia, la convergencia ante el policentrismo, la disposición contemplativa estática ante la participativa dinámica.

La arquitectura sacra católica –en otro momento hablaremos del concepto de lo sacro– es una arquitectura para la liturgia. Su objeto no es la construcción de la Casa de Dios, sino de la Casa del Pueblo de Dios, que se reúne para celebrar gozosamente los misterios de la Redención. El fin es el culto, el medio la liturgia; ésta asume para el arquitecto el papel del programa. Aceptar su dimensión didascálica y participativa es condición necesaria para el éxito de los nuevos ámbitos. Por ello su diseño debe favorecer la participación activa y evitar esquemas teatrales, más propios de una asistencia contemplativa.

Una reflexión especial merece la posibilidad de recurrencia a tipologías consagradas por el uso histórico. Independientemente del fascinante debate establecido a este sujeto entre Rossi y Rogers o Quaroni, es importante que, de darse, la utilización de tipos históricos se fundamente en una adecuación funcional más que en débiles argumentos conceptuales. El tipo no es únicamente un esquema formal; está impregnado de una carga simbólica, y la capacidad de la arquitectura para transmitir, hoy, mensajes eficaces es un tema en revisión. Pero resulta claro que, por ejemplo, las plantas en cruz latina, o los esquemas basilicales son inapropiados para los nuevos requerimientos precisamente por su disposición longitudinal. Entre los fascinantes retos para los arquitectos contemporáneos no es el menor el de enriquecer el acervo de soluciones históricas con los derivados de unos requisitos diferenciados. Tarea para la que, por otra parte, están especialmente preparados, pues, en frase de Pérsico, *"el destino de la arquitectura contemporánea, su labor profética, es la de reivindicar la fundamental libertad del espíritu"*.[8]

---

[8] Crispino Valenziano, Architetti di Chiese. L'Epos. Palermo, 1995, Pág. 82.

Otro punto de especial relevancia es el papel que juega el signo dentro de la liturgia. Pocas situaciones evidencian mejor que ésta cómo un fallo de comprensión conduce irremisiblemente a un fracaso en la utilización. ¡Cuántas veces la repetición irreflexiva de un elemento lo banaliza, al reducirlo a mero motivo decorativo! Lo característico del signo es su referencia a una realidad distinta a la suya. Cuanto más directa sea esa referencia, más eficaz como signo. Por ello el signo debe conducir cuanto antes a lo significado; su eficacia se comprueba por su transitividad. Un signo mudo es irrelevante. Y, peor todavía, es capaz de alterar el mensaje o dificultar su interpretación.

Pensemos, por ejemplo, en la cruz, *"signo que recapitula por completo el misterio pascual"*.[9] Es clara la necesidad de arbitrar un *"puesto eminente en la iglesia"*[10] para el signo por excelencia de la liturgia cristiana. La Instrucción *Inter Oecumenici* para la recta aplicación de la Sagrada Liturgia[11] sugiere una colocación, más explícitamente detallada en las respuestas de la Congregación a las consultas presentadas: *"Es oportuno colocar la cruz junto al altar, pues si no tendrá una cruz tan pequeña que resultaría invisible por el pueblo o tan grande que impediría a los fieles contemplar el desarrollo de los ritos... Junto al altar existen tres posibilidades: o colocar delante la cruz procesional... o colgar una cruz de lo alto, o adosarla a la pared absidial"*.[12]

Queda claro que la antigua situación de la cruz sobre el altar, centrada delante del retablo, resulta improcedente en los altares *coram populo*, pues dificulta la visión de lo auténticamente importante en el ara: las especies eucarísticas. Por otra parte, la celebración del Santo Sacrificio según las nuevas normas exige una disposición tripartita de elementos –ara, ambón, sede– que gravite alrededor del altar como centro jerárquico. La cruz, si se quiere significante, debe tener una situación y un tamaño adecuado a la concepción espacial del conjunto. La íntima relación altar-cruz solicita la cercanía de ambos elementos. Esta proximidad ayuda a comprender que el primer ara fue la cruz y que el sacrificio de Cristo en la cruz se actualiza en el altar. Pero exige, al tiempo, la unidad del signo. No tendría sentido una cruz expuesta a los fieles, otra sobre el altar, una tercera procesional, otra colgando no se sabe de dónde...

---

[9] Benedizionale 1331-1333.

[10] idem.

[11] Instrucción Inter Oecumenici 94.

[12] NOTITIAE 2 (1966) 290-291.

Y, sin embargo, el signo *"precioso de la santa cruz, principio de nuestra salvación"*[13] se utiliza frecuentemente con frívola inconsciencia rebajado a elemento decorativo ayuno de cualquier significado. En puertas, pavimentos, apliques de luz, corporales, albas, candeleros, bancos, misales, fuentes bautismales, ambones y atriles... allí donde la pereza no sabe descubrir argumentos de diseño se sale del paso aplicando cruces sin contenido, *tics* inanes, recursos amanerados. Con ello se aniquila su eficacia. En efecto, la liturgia pretende ayudar a comprender los misterios de la fe, y en ese intento signo y símbolo juegan un papel importante; con tal, claro, que ayuden a hacer presente el misterio, no a sustituirlo. La decoración ilustrativa, en cambio, lo sustituye, lo rebaja a tópico o lugar común.

Quizá uno de los más urgentes retos que tengamos por delante los arquitectos hoy sea reflexionar, al hilo de unos cambios necesarios, sobre la validez de lo que hasta el momento se daba por supuesto y se repetía, por lo tanto, acríticamente. Una vez más, el ejemplo de Le Corbusier es paradigmático. En Ronchamp ensaya –con la inestimable ayuda del P. Couturier– soluciones que se anticipan a la reforma litúrgica. Apremiado por la urgencia de la dedicación del edificio, coloca, provisionalmente, una gran cruz de madera tras el altar. Mas consciente de la *"confusión en un mismo eje antagonista"* que ambos elementos protagonizan, sigue trabajando durante 2 años hasta encontrar ese *"pensamiento capaz de aportar orden, jerarquía, dignidad –un pensamiento que determina una tensión válida–. Y las cosas inertes se vuelven activas, agentes, parlantes. Es... la arquitectura que crea orden y establece la norma. El sacrificio se realiza en el altar, al final del eje que regula la acción arquitectónica del edificio. Cerca, situado en un eje oblicuo, erguido y a escala humana, el testimonio: el leño de la crucifixión. Recto, solitario, fijado al suelo. En cambio tras el altar, en el lugar liberado por la cruz, el sacerdote celebra vuelto al pueblo. Orden jerárquico: el altar en el eje; el testimonio, la presencia mariana, a los costados de la acción... protagonistas visibles y no confundidos en un mismo eje antagonista"*.[14]

Ronchamp demuestra cómo el pensamiento crítico es capaz de conseguir que *"las cosas inertes se vuelvan parlantes"*. No solo anticipa la situación del sacerdote vuelto al pueblo; define un lugar específico para la proclamación de la Palabra y separa del eje principal cruz y Virgen para clarificar la especificidad de cada elemento. *"La arquitectura que crea orden"* es capaz de prescindir de simetrías y establecer ámbitos pluridireccionales y diferenciados dentro de un mismo espacio.

---

[13] Benedizionale 1331-1333.

[14] Le Corbusier. Ronchamp. Les carnets de la Recherche patiente. Pág.130-135.

Le Corbusier
junto a
Le Couturier.

Repensar la tradición, ofrecer nuevos modelos, construir los requerimientos litúrgicos: hermosa tarea y urgente. Sin desmayos ante los fracasos inevitables ni
lamentos ante las dificultades objetivas, pues *"la obra de creación nunca es sin
fatiga"*.[15] Cercados por una sociedad quizás indiferente, presionados por los
llantos de quienes añoran tiempos idos, afirmando con optimismo la necesidad
de una empresa ciertamente superior a nuestras fuerzas, ignorando las sonrisas
sardónicas de quienes señalan displicentemente los fracasos, el ejemplo
magnánimo de aquél Nehemías que tras el llanto por la Jerusalén destruida, se
pone manos a la obra, es sin duda ejemplo paradigmático para los arquitectos de
nuestro tiempo:

> *"Había enemigos fuera para destruirla,*
> *y espías y egoístas dentro,*
> *cuando él y sus hombres se pusieron a reedificar la muralla.*
> *Así, edificaron como deben construir los hombres*
> *con la espada en una mano y la llana en la otra"*[16]

Madrid, septiembre de 1997

---

[15] T. S. Eliot. Coros de La Piedra. IX. Alianza Editorial. Madrid, 1986. Pág. 186.

[16] T. S. Eliot. Coros de La Piedra. IV. Alianza Editorial. Madrid, 1986. Pág. 178.

JAVIER MARTÍNEZ, UN ESCULTOR ROMANO

De entre la muchedumbre de ociosos, trotamundos y fisgones que colman a cualquier hora del día el antiguo Circo de Domiciano, hoy Piazza Navona, pocos extranjeros y ningún romano pasan insensibles ante la Fuente de los Ríos. Al atardecer, cuando el *tramonto* pinta con colores de Poussin el aire de la Urbe, la blanca aguja del Obelisco Agonale, enhiesta sobre el magma de rocas berniniano, concita las miradas peregrinas con una suerte de inefable magnetismo, de fascinación absorta.

Todo un mundo de símbolos e ideas, conceptos y alegorías, de juegos de agudeza y sutiles referencias, se macla con las peñas, se agita entre los monstruos fabulosos, desborda el monumento en borbotones de agua y asciende enroscado en la palmera hasta las formas puras del obelisco egipcio.

No todos los paseantes, admirados ante la escenográfica belleza del conjunto, se animan a penetrar el sentido último que late entre las piedras, expresión paradig-mática de la cultura barroca. Sin embargo, la inscripción dedicatoria ofrece al improbable lector una explícita llamada a investigar el argumento de la obra, que brinda:

SPATIANTIBVS AMOENITATEM
SITIENTIBVS POTVM
MEDITANTIBVS ESCAM

Deleite para los paseantes, bebida para los sedientos, alimento para los estudiosos... *Pulchrum, Bonum, Verum*, aunados en el programa de una obra plástica que se niega a recluirse en los estrechos límites de la forma por la forma. Porque, ¿qué supone el barroco –y, en definitiva el mundo clásico– sino la voluntad de alcanzar el punto de convergencia donde las multiformes manifestaciones de una cultura homogénea, brillantemente articulada, confluyen en la suprema unidad del ser? ¿Qué sino el dinámico equilibrio entre *pathos* y logos, sentimiento y razón, naturaleza y artificio, realismo y abstracción...?

Hablar del mundo clásico hoy es, para muchos, algo semejante a referirse al imperio otomano: una realidad superada por la historia, ida para siempre. El pensamiento contemporáneo, que se debate entre la desesperanza de las filosofías de la destrucción del sujeto y el voluntario irracionalismo de la más drástica deconstrucción no puede más que mirar con desdeñosa sufi-ciencia cualquier intento de estructurar un discurso que reaccione contra el sentido de incertidumbre, la pérdida del centro, el abandono de los valores objetivos.

Y, sin embargo, otra visión es posible. Frente al unívoco dogma positivista, con su orgullosa presentación de hechos incontrovertibles, de una historia pretendidamente inexorable, sigue alzándose la afirmación nietzschiana: "No hay hechos, solo interpretaciones..."

No sé si la interpretación de la realidad por parte de Javier Martínez se estructura según la clásica división de objetos de conocimientos: *Verum, Bonum, Pulchrum,* como aspectos parciales de una realidad única que se conoce en cuanto verdadera, buena o bella. Me consta, en cambio, su convicción integradora, sintética. Es decir, clásica.

Javier Martínez es hombre de su tiempo. Ha sido testigo de los debates dentro de la última modernidad y del fin de la llamada autonomía disciplinar. Y ha sacado conclusiones. Pues, en definitiva, hoy más que nunca sabemos, por amarga experiencia, cuan imposible y vano es el intento de separar dicotómicamente pensamiento y acción, cultura y arte. El olvido de la interrelación entre ambos campos ha hecho proliferar estructuras banales entre aquellos que confunden emoción con capricho. Un arte no intelectual revela siempre un intelecto no artístico.

"La obra que contiene el tiempo latiendo dentro de sí, participa de la música, la religiosidad, la poesía, de todas aquellas armas que alejan nuestro atávico temor al depredador anónimo que impide al alma purificarse en un estado de serenidad". No es Goethe quien esto escribe –aunque bien pudiera incluirse en sus Elegías Romanas– sino el mismo Javier Martínez, sin duda contagiado por el mismo *tempo lento* que cautivó al prusiano, y a Stendhal, y a Henri James, y a Zola, y a Chateaubriand, y a Taine, y a Liszt...

La estancia de Javier Martínez en Roma, como becario de la Academia de España, es, a mi entender, el momento fundamental de su cristalización como escultor. Hasta entonces era realista; desde entonces clásico. Roma le aportará la amplitud de discurso que convierte la anécdota en categoría, lo singular en universal.

En el patio de la academia, una enorme vaca en *gesso* italiano domina el claustro. Es una vaca virgiliana, serena como una égloga, que habla del ocio contemplativo, el *altius otium* de Plinio, el más elevado ocio que solo encuentra en su villa toscana.

Y el hombre. Todas sus figuras son el hombre. No éste o aquél. Todos. Javier no hace retratos. Estudia la figura humana, sentada, reclinada, enhiesta. Refleja la

Altar hormigón iglesia Ponferrada.
Árboles bronces fachada Santa Lucía.

maternidad, el dolor, el trabajo. Esculpe la infancia. Modela sátiros. Muestra la vejez sencilla de una mujer de pueblo. Cualquiera.

La serie, excepcional, de bajorrelieves, es igualmente esclarecedora. Esos pueblos vacíos, pueblos de todas partes, áticos o montañeses, abocetados en sutiles sugerencias, sin identificaciones concretas. Son el pueblo que cantara Keats en su *Oda a una urna griega:*

> *"¿Qué pueblo junto al río, o a la orilla del mar,*
> *o edificado en la paz de la montaña,*
> *se ha vaciado de gente esta mañana?*
> *¡Oh! pueblo, tus calles para siempre*
> *quedarán silenciosas."*

He sido privilegiado espectador del hacer creador de Javier Martínez. Cuando le conocí en Roma me encontraba terminando el proyecto de centro parroquial en Villalba, un despojado y sereno recinto en hormigón, bañado en luz. Necesitaba un Cristo resucitado, gozoso, vencedor de la muerte y acogedor del hombre. Le planteé el reto a Javier que lo aceptó con entusiasmo desbordante.

No puedo recordar sin fascinado asombro la inacabable serie de bocetos, en busca de la figura exacta. En apenas un palmo de materia, cera o plastilina o barro, Javier desbordaba su talento. La huella fuerte de sus dedos declaraba explícitamente ideas y sentimientos. A veces era el triunfo, a veces el amor. Retocaba para quitar solemnidad, para transmitir ternura, para incluir serenidad.

Juntos estudiamos sobre maquetas proporciones y texturas. Yo defendía el bronce. Él la madera. Por supuesto, se hizo en madera: tenía razón.

Contemplad el Cristo de Villalba. La luz cenital moldea sus facciones. Parece mirar al cielo, pero en realidad cierra los ojos de la carne vislumbrando un panorama de vida interior. Abre los brazos, acogedores, a quien quiera. Asciende sutilmente. Parece que quisiera quedarse entre sus hermanos. Dios y hombre. Es tan bello que sobran las palabras.

La memoria de mi proyecto terminaba con la transcripción de unos versos de T. S. Eliot, porque solo un poeta sabe encontrar la palabra justa:

> *"Ahora veréis el Templo completado;*
> *al cabo de mucho esforzarse, de muchos obstáculos;*
> *pues la obra de creación nunca es sin fatiga;*

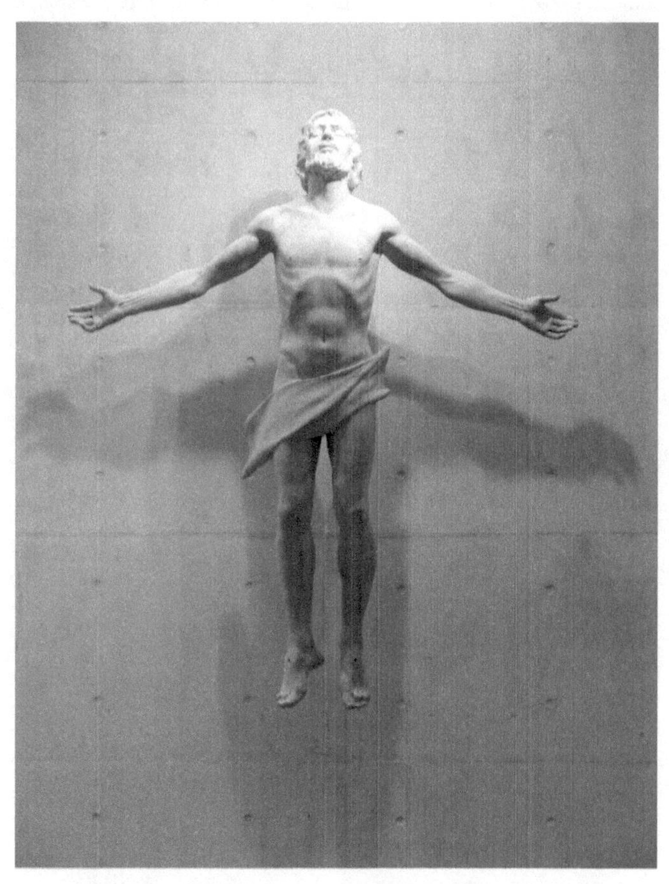

Cristo de Villalba.

la piedra formada, el crucifijo visible.
El altar revestido, la luz que eleva.
Luz
Luz
El recordatorio visible de la Luz Invisible."

Parecen escritos para describir la obra intemporal, clásica, serena de Javier Martínez, escultor romano.

Madrid, diciembre de 2003

Virgen de la Consolación.
Parroquía de la Consolación de Córdoba.

LAS VIVIENDAS DE SÁENZ DE OÍZA EN LA M30

Sáenz de Oíza es, en Madrid, sobre todo Torres Blancas y el BBV. Dos iconos de la ciudad, dos edificios de referencia obligada, dos obras indiscutidas.

Por el contrario, las viviendas de la M30 han sido polémicas desde el principio. Y no solo por parte de un cierto tipo de prensa popular, ésa especializada en la descalificación mediante metáforas "ingeniosas" –cárcel de la M30, cubo de Moneo...–.

Este superbloque madrileño ha sido también criticado desde la profesión y con los mismos argumentos que esgrimimos, los profesores, ante tantas propuestas de alumnos: su debilidad sería su literalidad.

Hosca y cerrada a la realidad agresiva de la autopista, risueña y abierta al patio interior paradisíaco e ideal, el exceso de evidencia demostraría cómo la transcripción literal de una idea, sin matices, no basta –lo comprobamos diariamente con nuestros alumnos– para estructurar con fundamento una obra de arquitectura.

Nada más injusto en este caso.

Rafael Moneo ha señalado cómo Oíza *"sometía sus proyectos a rigurosa y estricta comparación con aquellos que consideraba próximos a su investigación proyectual. Aprendí así que la arquitectura, en muy pocas ocasiones se produce* ex novo*...lo que implica toda una teoría del proyecto que arranca del conocimiento, de la experiencia, más que de la utilización de principios* a priori".[1]

Por tanto, nada de ideas construidas en Oíza. Y, ciertamente, en el caso de las viviendas de la M30 conocer los datos de partida ayuda a enjuiciar el resultado. El proyecto responde a un concurso restringido sobre una parcela con una ordenación concreta, determinada por el Plan General en forma de bloque continuo ajustado a los bordes. Oíza acepta las condiciones dadas, y vierte sobre ellas la experiencia y el conocimiento de los que habla Moneo.

Las alteraciones en la forma del bloque del Planeamiento son escasas pero sutiles y eficaces. El helicoide previsto, de altura constante, se transforma en anillo abierto de perfil variado. El escalonado de alturas, de tres a ocho plantas, da silueta holandesa al "bloque" racionalista.

La aproximación desprejuiciada y sincretista de Oíza se revela especialmente en esta obra. No es difícil rastrear en ella reflexiones acerca de los Hof vieneses,

---

[1] José Rafael Moneo. *"Perfil de Oíza joven"*. El Croquis, n° 32-33, pág. 181.

pero también de la Siedlung Römestadt, y Wendingen, y de Klerk y la Escuela de Ámsterdam, y Le Corbusier, y el Erskine de Newcastle... Y, al tiempo, aflora su experiencia en el diseño de la vivienda protegida, ya experimentado en Entrevías, Fuencarral, Batán y Orcasitas, entre otras.

Aquí, la fachada se convierte en muro perforado. Su carácter "monumental" es evidente, y entronca (con las necesarias matizaciones de diferencia de escala) con el *parti* de la contemporánea Villa Fabriciano. La fachada interior es más literalmente monumental, con sus arquitecturas fingidas tan del momento. Pero el contraste, casi ingenuo de tan explícito, habla de un arquitecto siempre atento al momento presente, a la discusión y al convencimiento de que el fin de la arquitectura es la felicidad del hombre y el papel del arquitecto es de esponja del *zeitgeist*...

Pues, ¿acaso no sigue siendo hermosamente optimista la propuesta de un *Crescent* en Vallecas, de un palacio para realojamiento de población marginal, y al tiempo extraordinariamente didáctica la apertura mental de un arquitecto que, cercano a los 70, se embarca como Stirling en la experimentación de las nuevas sensibilidades?

Cierto que la realidad es dura. Las pinturas, hoy, están descascarilladas, las terrazas cerradas y los jardines vandalizados. De paraíso, nada.

No importa. Queda el optimismo de una idea hermosa que resiste a la realidad. Soñar el paraíso tiene sus peligros. Siempre ha valido la pena afrontarlos.

Madrid, diciembre de 2002

Planta viviendas M30.
Alzado interior.
Alzado exterior.

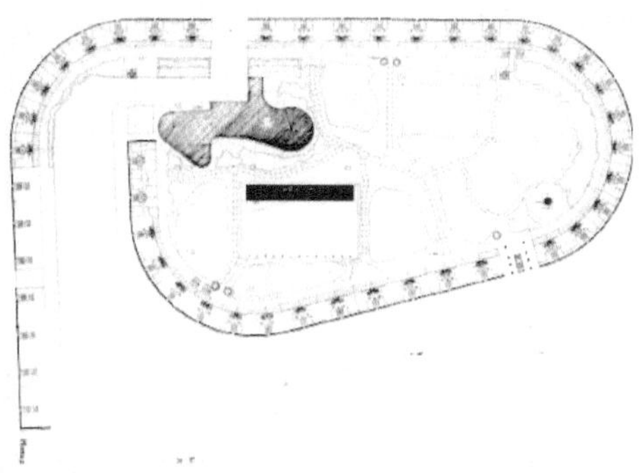

LA COLINA DE LOS CHOPOS

*"Una amorosa congregación de espíritus de oro
luciendo en paz sobre la vida".* Juan Ramón Jiménez

Solo un poeta es capaz de acuñar términos sintéticos, palabras sedimentadas
que consiguen, en su concisa precisión, evocar realidades que las trascienden.
Juan Ramón Jiménez, inventor del topónimo La Colina de los Chopos, ha
nombrado para siempre, en el acervo y el imaginario madrileño, un espacio
ejemplar de cultura y debate, de creatividad y pensamiento. Madrid, tan a
menudo acusado de enrocarse en un casticismo alicorto, de vuelo bajo, puede
justamente mirar La Colina de los Chopos como una de sus aportaciones más
originales y ejemplares en el ámbito universitario y del pensamiento, las ciencias
y las artes.

Es preciso referir los orígenes de este centro de formación a aquélla Institución
Libre de Enseñanza fundada por Francisco Giner de los Ríos, en 1876, para
renovar las estructuras y la orientación educativa españolas. Fruto de sus
inquietudes e impregnada de su espíritu, la Junta de Ampliación de Estudios
creó, en 1910, la Residencia de Estudiantes; de esta manera ensanchaba el
campo de su actividad al mundo universitario.

Tres años más tarde se inicia la construcción de la sede definitiva, en los
entonces llamados Altos del Hipódromo, según el proyecto de Antonio Flórez
Urdapilleta. Dos pabellones idénticos, conocidos como Los Gemelos, se
dedicaban a habitaciones y salas para los residentes, mientras el Pabellón
Central albergaba locales comunes, y el conocido como Transatlántico acogía las
salas de conferencias, reuniones y actos públicos.

Bajo la dirección de Alberto Jiménez Fraud, la Residencia cristaliza como punto
de referencia para la cultura del momento y de debate abierto a las vanguardias.
Puede decirse que no hubo artista o intelectual de relevancia internacional que
no visitara la Residencia y pronunciara en ella conferencias. Einstein y Curie, Le
Corbusier y Gropius, Chesterton y Valery, Bergson, Calder, Stravinsky, Keynes...
todos encontraron en el salón de actos del Transatlántico ámbito de resonancia
para sus mensajes y una cálida acogida, que a menudo se prolongaba en
tertulias trasnochadoras con los residentes. Mencionar entre ellos a García
Lorca, Buñuel, Dalí o Pepín Bello es ya tópico, mas no por lugar común deja de
ser cierto. Rafael Alberti, Miguel de Unamuno, Severo Ochoa, José Ortega y
Gasset. Manuel de Falla, Eugenio D'Ors, o el Juan Ramón Jiménez que
renombró los edificios de la calle del Pinar con el apodo por el que ha sido
conocido, todos fueron contertulios habituales y residentes durante sus
estancias madrileñas.

Ese ambiente abierto e innovador, *"paraíso de la inteligencia y del servicio al arte, fértil milagro del espíritu español"* en palabras de Alvaro Mutis, vio fraguar una de las más bellas y admirables ideas: La Barraca, grupo itinerante de teatro universitario; en sus pabellones se escribieron los textos, se compusieron las partituras, se realizaron los decorados y ensayaron los residentes que luego representarían por los pueblos de España a Lope, Cervantes, Calderón y el mismo Lorca.

Hoy la Residencia continúa su labor de siempre en los viejos edificios; cuidadosamente restaurados por Jerónimo Junquera y Estanislao Pérez-Pita, en ellos resuenan voces diferentes pero ideales similares.

Madrid, diciembre de 2001

Federico Garcia Lorca junto a sus compañeros.

Residencia de estudiantes.